W0303633

Le scandale
des délocalisations

Du même auteur

Le Pétrole à l'heure arabe, entretiens avec Nicolas Sarkis, Stock, 1975.

Vodka Cola (en collaboration avec Charles Levinson), Stock, 1977.

La Puce et les Géants, Préface de Fernand Braudel, Fayard, 1983.

La Corde pour les pendre, Fayard, 1985.

Karl Marx Avenue, roman, Olivier Orban, 1987.

Un espion en exil, roman, Olivier Orban, 1988.

Guerre du Golfe (en collaboration avec Pierre Salinger), Olivier Orban, 1990.

Tempête du désert, Olivier Orban, 1991.

La Mémoire d'un roi, entretiens avec Hassan II, Plon, 1993.

Les Fous de la paix (en collaboration avec Marek Halter), Plon/Laffont, 1994.

Guerre du Kosovo, le dossier secret, Plon, 1999.

Le Grand Mensonge, Plon, 2001.

La Guerre des Bush, Plon, 2003.

Le Monde secret de Bush, Plon, 2003.

La Face cachée du 11 Septembre, Plon, 2004.

La Face cachée du pétrole, Plon, 2005.

Bush, l'Iran et la bombe, Plon, 2007.

La Face cachée des banques, Plon, 2009.

Eric Laurent

Le scandale des délocalisations

PLON
www.plon.fr

© Plon, 2011
ISBN : 978-2-259-21256-4

Chapitre 1

Une guerre contre l'emploi

Jamais le monde des affaires ne s'est révélé aussi hostile aux intérêts des travailleurs qu'il emploie. L'injustice, pour beaucoup, prend désormais le visage du progrès. Un progrès affublé du nom de mondialisation et qui conduit à de choquantes inversions : préoccupées par la poursuite de leurs profits immédiats, les firmes privées mènent un combat implacable visant à la destruction des emplois nationaux. Depuis 2001, les dirigeants politiques, industriels et financiers tentent de mentir à l'opinion. Les slogans répétés sur la gravité du péril terroriste, l'insécurité accrue ne sont qu'un leurre destiné à cacher la réalité : la véritable menace en matière de sécurité est déjà logée au cœur de la classe moyenne, en Europe et aux Etats-Unis, qui vit dans la crainte de perdre son emploi.

Al Qaida, comme les autres mouvements terroristes qui l'ont précédé, ne réussira ni à détruire ni à déstabiliser les pays visés. Par contre, c'est le résultat auquel parviendront les dirigeants des grands groupes s'ils continuent à délocaliser au même rythme usines et emplois. Sans se rendre compte qu'ils courent ainsi à leur propre perte. Mais le profit rend aveugle et arrogant. Et à cet égard le calcul est vite fait. Aux Etats-Unis, entre 2001 et 2004, les profits des entreprises ont augmenté de 62,2 % ; ceux du travail de 2,8 %.

Chaque année entre 400 et 500 000 emplois américains partent vers des pays à bas coûts. Enfin, en 2009, un an après la crise financière mondiale provoquée par la spéculation indécente des établissements bancaires, 11,4 % des emplois ont été supprimés dans un secteur manufacturier, pourtant déjà lourdement frappé. Un record absolu alors qu'il existe déjà 15 millions de chômeurs à travers le pays.

La France n'est pas davantage épargnée. Entre 1997 et 2002, les principaux groupes cotés au CAC ont fait passer la part des emplois, sur le territoire national, de 50 à 32 % de leurs effectifs totaux.

Une tendance qui s'est encore accélérée au cours des années suivantes. Désormais la part de l'industrie dans la production globale de richesse se ramène à 16 %, pour un secteur qui n'emploie plus que 13 % de la population active. Aucun domaine d'activité n'est épargné. Selon une étude du cabinet Katalyse réalisée pour la commission des finances du Sénat, 202 000 emplois de services (notamment informatiques) devraient être perdus entre 2006 et 2010, du fait des délocalisations[1].

Une évaluation qui paraît devoir être révisée à la hausse. En agissant ainsi les dirigeants d'entreprises sectionnent la ligne de vie qui garantissait la robustesse de l'économie nationale.

Comment perdre ses emplois et continuer de prospérer ?

Certains mots ressemblent à de véritables boucliers. Ils paraissent avoir été conçus pour protéger de la curiosité ceux qui les mettent en application. La « délocalisation » en est une parfaite illustration : le mot manque de charme, mais aussi de précision ; il revêt une connotation technique qui décourage toute curiosité. Pourtant, derrière cette apparence rebutante, les conséquences qu'il implique mettent gravement en péril notre avenir et celui de nos enfants.

La fameuse formule illustrant la théorie du chaos, les battement d'ailes d'un papillon au-dessus de l'Europe provoquant un raz-de-marée dans la région du Pacifique, s'applique parfaitement aux délocalisations. Des usines discrètement fermées en France, des emplois transférés en Inde et en Chine vont provoquer un véritable tsunami qui balaiera non seulement nos économies mais aussi nos sociétés et notre mode de vie.

Cette guerre contre l'emploi menée par les chefs d'entreprises, leur volonté d'« exporter l'Europe » à tout prix mènent à une immense tragédie dont on peut décrire avec précision chacune des étapes : des salaires réduits, moins d'impôts pour financer l'éducation, la santé, les infrastructures, notre système de sécurité sociale. Bref, un appauvrissement et un déclin généralisés. Et une perte irrémédiable de souveraineté.

On pouvait espérer que, face à un monde des affaires qui a abandonné tout sens de l'intérêt général pour se concentrer sur la défense des seuls intérêts de ses actionnaires, les politiques s'opposeraient avec vigueur à cette dérive. Ce fut absolument l'inverse. Aucun responsable ne semble en mesure d'appréhender une équation pourtant toute simple : comment un pays peut-il perdre ses emplois et espérer continuer de prospérer ?

« Il n'y a pas de fatalité aux délocalisations »

Le 22 septembre 2004, le ministre de l'Economie, des Finances et de l'Industrie détailla en Conseil des ministres un arsenal de dispositifs pour lutter contre les délocalisations. Des mesures élaborées dans l'urgence et une certaine improvisation destinées avant tout à calmer l'inquiétude croissante de l'opinion. Nicolas Sarkozy, puisque que c'est de lui qu'il s'agit, déclara avec fermeté : « C'est une priorité absolue. Il n'y a pas de fatalité à la suppression d'emplois et aux délocalisations. »

Il précisa que pour freiner ce phénomène et entraver le fâcheux penchant des entreprises françaises à s'installer à l'étranger, il avait pris « différentes mesures spécifiques pour lutter contre les délocalisations, des encouragements à la constitution de pôles de compétitivité, afin de renforcer au niveau local les synergies ».

Un projet suffisamment vague et vaste pour se révéler totalement inopérant, ce qui fut le cas. Quelques jours avant le lancement du plan antidélocalisation, le Premier ministre, Jean-Pierre Raffarin, enfonçait déjà le clou, le 19 décembre 2004, sur TF1 : « Je demande aux entreprises de condamner comme nous condamnons tous ceux qui prôneront les mesures ou les attitudes de chantage antisocial. Je veux vraiment que dans notre pays [...] soient condamnés tous ceux qui délocalisent brutalement. »

En s'exprimant ainsi, le Premier ministre semblait brusquement avoir oublié qu'un an plus tôt il avait chaleureusement accueilli et décoré Narayana Murthy, le président-fondateur d'Infosys.

Le champion indien des services informatiques doit sa croissance et sa prospérité au fait qu'il est un havre de sous-traitance pour un grand nombre d'entreprises françaises et occidentales. La maladresse des propos peut prendre parfois un relief choquant : alors que le secteur informatique français traverse une crise importante, marquée notamment par une explosion du chômage dû aux délocalisations croissantes, Raffarin, en épinglant la médaille sur le revers du magnat indien, évoque « son action ayant contribué à renforcer les liens entre nos deux pays[2] ». En effet…

La confiance rompue

En 2009, plus de 30 000 informaticiens se trouvent au chômage, une augmentation de 58 % sur un an ; c'est le moment que choisit la secrétaire d'Etat au Commerce extérieur, Anne-Marie Idrac, pour aller inaugurer les nouveaux locaux parisiens d'Infosys, encore lui, fossoyeur actif de l'emploi en France. Etrange démarche pour la responsable chargée de promouvoir le commerce extérieur et donc, en théorie, la création d'emplois.

Entreprises et politiques, main dans la main, mentent aux opinions en paraissant oublier qu'ils détruisent ce qui constitue la base même de l'adhésion au capitalisme : la confiance.

Une donnée fondamentale qui a permis au système, au cours de sa longue histoire, de fonctionner et d'évoluer. Evoquant l'histoire économique mondiale entre le XVe et le XVIIIe siècle, le grand historien Fernand Braudel brosse une analyse qui reste recevable jusqu'à la fin du XXe siècle : « Le capitalisme est impensable sans la complicité active de la société. Il est forcément une réalité de l'ordre social, même une réalité de l'ordre politique, même une réalité de civilisation. Car il faut que d'une certaine manière la société tout entière en accepte plus ou moins consciemment les valeurs. Toute société se décompose en plusieurs "ensembles" : l'économique, le culturel, le social hiérarchique. L'économique ne se comprendra qu'en liaison avec les autres “ensembles”, s'y dispersant mais ouvrant aussi les portes aux autres voisins. Il y a action-interaction[3]. »

Depuis quinze ans, ce lien de confiance s'est peu à peu distendu jusqu'à se rompre totalement aujourd'hui. Une part croissante de l'opinion se sent trahie par l'impuissance et la passivité des responsables politiques. Elle voit le monde de l'entreprise comme un gigantesque dieu Moloch qui sacrifie sur son autel les emplois de ses travailleurs pour accroître ses bénéfices et s'attirer tout à la fois les bonnes grâces de ses actionnaires et des régimes étrangers où elle compte s'implanter. C'est tout à fait étrange : nous semblons détester ceux qui ont un emploi et mépriser ceux qui l'on perdu.

L'omerta des responsables politiques

Face à ce malaise grandissant, le pouvoir politique réplique par l'omerta. Il devient une véritable machine à figer le temps. Je n'ai pas trouvé, au-delà de 2005, de rapports sur les délocalisations publiés par les ministères concernés, ceux du Travail ou de l'Industrie notamment. Et les constats énoncés dans ceux qui, malheureusement, ont déjà été commandés se révèlent suffisamment alarmants pour être immédiatement soustraits à la connaissance du public. Visiblement, sur un sujet aussi sensible, les responsables politiques considèrent qu'aucune vérité n'est bonne à écrire et encore moins à lire.

Au début de l'année 2005, le cabinet de conseil Altedia remet à Jean-Louis Borloo, ministre de la Cohésion sociale, le rapport qui lui a été commandé. Le texte dormira dans un tiroir, Borloo expliquant qu'il « préfère différer la publication de ce rapport, qu'il a depuis le début de l'année, après le référendum ». Diffusion qui, bien entendu, n'aura pas lieu.

L'étude « souligne le caractère massif des transferts d'activité en Europe de l'Est et dans les pays émergents... Ces délocalisations sont aujourd'hui le fait d'entreprises de toutes tailles, dans la quasi-totalité des secteurs économiques[4] ».

Conclusions fâcheuses pour un gouvernement, encore aggravées par le contenu d'un autre rapport réalisé par Elisabeth Dufourcq, inspectrice générale des Affaires sociales et remis en décembre 2004 à Gérard Larcher, alors ministre délégué aux Relations du Travail et aujourd'hui président du Sénat. Ce texte lui non plus, ne sera pas divulgué.

J'en ai obtenu une copie et il est vrai qu'il soulève plusieurs points embarrassants, même si l'auteur les formule avec prudence. Elle souligne « l'inquiétude des partenaires sociaux » et évoque un sondage réalisé par l'institut CSA pour l'hebdomadaire de la CGT *Vie ouvrière* en octobre 2004. « Il montre, écrit-elle, que la méfiance de ces partenaires sociaux et des salariés choisis de façon aléatoire est actuellement réelle. A la phrase certes orientée “les actionnaires ne s'intéressent qu'aux profits immédiats et donc cela ne permet pas de mettre en place le développement durable”, 79 % des salariés répondent qu'ils sont d'accord[5]. »

L'auteur aborde également un autre sujet sensible : les violations répétées par la Chine des normes de l'Organisation internationale du travail dont elle est membre depuis 2001 : absence de contrat de travail, licenciement automatique après trois jours d'absence, pénalités en cas de départ de l'employé, rétentions de cautions à l'embauche, sanctions corporelles ou financières pour fautes diverses.

En haute saison, les horaires peuvent atteindre douze heures par jour, sept jours sur sept. Les employés effectuent des périodes de travail de trente jours consécutifs avec l'accord des bureaux officiels locaux. Une usine a préféré dénoncer un contrat avec une enseigne plutôt que de travailler à s'améliorer sur le plan social.

Six ans plus tard, l'OIT souligne, bien discrètement, que la Chine a toujours recours au travail des enfants. Des témoignages émanant d'une source syndicale et transmis à cette organisation internationale rapportent qu'« en Chine il n'y a pas d'enseignement universel gratuit. Des enfants sont donc placés en usines ou dans des ateliers afin de gagner de quoi faire fonctionner leur école. Certains y travaillent jusqu'à douze heures par semaine, pendant les heures de cours[6] ».

Pendant les débats qui ont eu lieu au siège de l'OIT, à Genève, le représentant chinois a reconnu que c'était le cas… mais uniquement pour des jeunes de seize et dix-sept ans. Ce qui évidemment est faux.

« Les délocalisations sur place »

Bref, à la lecture de ces quelques lignes, la Chine, paradis des délocalisations, ressemble davantage à un enfer social, un camp de travail proche du goulag. Une réalité séduisante pour les chefs d'entreprises mais source d'embarras pour les responsables politiques occidentaux. Le troisième problème soulevé dans son rapport par Elisabeth Dufourcq touche au laxisme et à la complaisance de l'Union européenne en matière de délocalisation et de violation du droit du travail.

Les règlements communautaires permettent en effet aux entreprises françaises et à leurs homologues européennes de se livrer à leurs exercices favoris : le dumping social.

Elle évoque notamment le phénomène surprenant des « délocalisations sur place » qui permettent à un employeur d'éviter d'avoir à transférer son activité à l'étranger, en important en France des travailleurs d'un pays européen à la main-d'œuvre bon marché pour remplacer ses salariés français. Cette méthode de « top sourcing » est décrite par Elisabeth Dufourcq comme « une pratique qui se faufile dans les interstices du droit et présente des risques pour le tissu industriel français, en particulier les sous-traitants… Des accords de recrutement de main-d'œuvre sont passés avec des entreprises implantées en France et des filiales souvent trop fragiles, sinon fictives, de firmes étrangères. Au total, souligne Elisabeth Dufourcq, nous sommes face à un cocktail juridique favorisant les délocalisations sur place[7] ».

Comme le dopage : « Pas vu, pas pris ! »

L'Europe, au lieu de combattre ces dérives, les encourage et les facilite. Elle offre tout un cadre légal qui permet de bafouer le droit du travail. Le droit européen, selon l'article 13 du règlement CE/1408/71 stipule qu'un travailleur étranger ainsi employé est soumis au droit du travail et au régime de sécurité sociale du pays d'accueil.

Un article destiné uniquement à sauver les apparences puisque ses termes sont totalement invalidés par l'article 14 qui le suit. Véritable sésame pour les chefs d'entreprises, cet article au premier abord anodin prévoit un ensemble de dérogations au droit du travail du pays d'accueil – afin « d'éviter les complications administratives qui résulteraient de la règle générale ». Il autorise en fait tous les abus : baisse des salaires, destruction des emplois.

L'Union européenne, les Etats-nations, les régions, nous l'évoquerons plus loin, financent tous généreusement les entreprises qui cherchent à délocaliser, avec l'argent même des contribuables, menacés dans leur emploi. Grâce à cette trouvaille supplémentaire, ce coup de pouce juridique, la fermeture d'un site ou d'une usine n'est même plus indispensable. France Télécom l'a très bien compris en important une main-d'œuvre portugaise, employée sur des contrats de deux ans, aux salaires et charges sociales portugaises, par le biais de procédure de détachement. Le rapport d'Elisabeth Dufourcq évoque ce cas et conclut : « En réalité le système étant prévu comme pérenne et pouvant être largement calqué dans d'autres secteurs, les pouvoirs publics peuvent-ils le tolérer comme un fait admis et acquis[8] ? »

La réponse à cette question, hélas, est oui. Mais c'est une tolérance discrète, feutrée. En fait, une comparaison me vient à l'esprit : on traite le problème des délocalisations avec la même ambiguïté que le monde du cyclisme affronte celui du dopage.

Chacun connaît la gravité du problème, l'ampleur du fléau mais personne, parmi les responsables, qu'il s'agisse des instances dirigeantes sportives ou politiques, ne souhaite agir. Souvent par lâcheté, parfois par connivence.

Les dirigeants, qui se préparent à détruire de nouveaux emplois pour accroître leurs bénéfices à l'étranger, ressemblent étrangement aux coureurs qui fraudent : ils ont besoin d'agir dans le silence et la discrétion et dans les deux cas de bénéficier de la complicité passive des responsables qui acceptent de continuer à fermer les yeux. Avec le même objectif : pas vu, pas pris.

Chapitre 2

Silence on tue

Le silence accompagne presque toujours le malheur. Un silence particulier, morne, pesant, entêtant. Et ces femmes et ces hommes que j'ai rencontrés, désormais sans emploi, semblent habités d'une douleur muette, qui traduit la stupeur et l'accablement. Ce silence investit d'abord les lieux puis ensuite les esprits.

Toutes les usines abandonnées pour cause de délocalisation que j'ai visitées ressemblaient à des nécropoles totalement pillées et privées de tout bruit. L'équipement avait été déménagé, le personnel licencié. Bref, tout ce qui conférait une existence à ces lieux y était aboli.

Une simple décision « stratégique », c'est le terme utilisé, prise au siège du groupe, à Paris ou à quelques milliers de kilomètres avait ramené leur existence à un simple quotas d'emplois à supprimer. Pour, bien entendu, renforcer l'efficacité de l'entreprise.

Il existe aujourd'hui chez les dirigeants d'entreprises une véritable langue de bois destinée comme autrefois chez les dirigeants communistes à masquer la réalité : productivité, compétitivité accrue, efficacité signifient plus prosaïquement : produire à moindre coût pour accroître les bénéfices des dirigeants et de leurs actionnaires.

La délocalisation est la version entrepreneuriale du « crime de bureau » dénoncée par maître Zaoui lors du procès Papon. Une longue chaîne de signatures anonymes apposées au bas d'un document et ratifiant la mise à mort d'emplois, de sites de production.

Un impact dévastateur en termes d'emplois

Ceux qui trouveront ce parallèle excessif n'ont jamais parcouru ces zones frappées de plein fouet par le chômage. Tout respire la désolation : la fermeture d'une usine, souvent seule source d'emploi dans la région, ruine les agglomérations après avoir provoqué la mort professionnelle et sociale de ses habitants.

Je me rappelle, au milieu des années 1980, mon installation à Washington où j'allais travailler dans un centre de recherche sur les relations internationales. Un ami, chercheur et journaliste, m'avait lancé : « Bienvenue dans cette capitale, quelques centaines d'hectares entourés par la réalité. »

Cette définition vaut également pour Paris. Etrange tribu que celle des élites françaises, détentrices du pouvoir politique, économique et financier, vouée au culte de soi, dotée d'une absence vertigineuse de curiosité et d'ouverture sur le monde. Elle se plaît à évoquer les bienfaits supposés de la mondialisation, alors qu'ils accentuent le déclin rapide du pays, et la priorité qu'il convient d'accorder aux stratégies économiques qui dédaignent les réalités humaines, locales et régionales. Cette tribu dont Paris est le miroir, homogène et fonctionnant en réseaux, ignore et dédaigne le sort du reste du pays.

Le déclin de la « France profonde » – quelle formule d'ailleurs chargée de mépris ! –, qu'il soit industriel, social et humain, découle pour eux du darwinisme social.

Courageusement, le célèbre prix Nobel d'économie Paul Samuelson, s'est inscrit, au terme de sa vie, à contre-courant de cette idéologie dominante. Evoquant les délocalisations, il déclarait : « Les gains enregistrés à l'échelle mondiale seront une maigre consolation pour les perdants[9]. »

Or, le nombre de perdants s'accroît rapidement car les gouvernements occidentaux confrontés à une économie mondiale ouverte n'ont plus ni les moyens ni la volonté de protéger leurs populations ; et encore moins le pouvoir d'encadrer le comportement de leurs entreprises. Alors que ce double impératif n'a jamais été aussi vital.

En octobre 2003, l'équipementier automobile Valeo a délocalisé au Maroc son usine de câblage située jusqu'alors dans le Tarn, à Labastide-Saint-Pierre. Quatre cent cinquante salariés ont perdu leur poste dans une zone déjà peu riche en emplois. La moitié à peine a réussi à retrouver un travail, souvent plus mal rémunéré. A Reims, au début de l'année 2005, plusieurs entreprises françaises et étrangères ont multiplié les plans sociaux, aggravant la situation déjà difficile de l'emploi.

En 2006, l'entreprise Aubade, rachetée un an plus tôt par le groupe suisse Calida Holding, a décidé de délocaliser en Tunisie ses activités d'assemblage de sous-vêtements et de fermer les sites de La Trimouille, et de Saint-Savin qu'elle possèdait dans la Vienne.

Ces quelques exemples peuvent être multipliés à l'infini, mais révèlent une réalité trop souvent ignorée ou escamotée : même si – ce qui n'est pas le cas – le nombre d'entreprises qui délocalisent restait faible, l'impact en termes d'emplois serait dévastateur et meurtrier dans des régions à faible potentiel.

Une fermeture d'usine ressemble à un cancer qui se métastase rapidement à travers l'ensemble du tissu local. L'économie est frappée de plein fouet : les sous-traitants périclitent, les commerces font faillite et les recettes fiscales s'évaporent.

Récupérer le maximum d'aides publiques puis licencier

Le cimentier Lafarge a décidé de fermer trois de ses sites, à Frangey dans l'Yonne, à Cormeilles dans le Val-d'Oise et à Bonneuil dans le Val-de-Marne. Au total cent cinquante emplois seront touchés. Cette annonce survenait en août 2010, un mois propice aux mauvais coups, au moment même où Lafarge et le groupe autrichien de BTP Strabag décidaient de regrouper leurs activités de cimenterie dans plusieurs pays d'Europe centrale (Autriche, République tchèque, Slovaquie, Hongrie, Slovénie).

Parallèlement, Lafarge se lançait à l'assaut du marché chinois en se concentrant sur son cœur de métier, le ciment, et en ciblant en priorité les provinces du sud-ouest de la Chine. Montant total des investissements : entre 600 et 700 millions d'euros.

Le fabricant de pneus Goodyear a finalisé un investissement de plus de un milliard de dollars pour la construction d'une usine de pneumatiques dans la province chinoise de Dalian. Alors même que la direction française de Goodyear-Dunlop, qui emploie 3 500 personnes, bataillait en 2009 pour imposer la suppression de 820 emplois. La firme, adepte de restructuration, avait déjà, en 2008, programmé la suppression de 402 emplois, décision interdite par le tribunal de Nanterre pour non-respect des procédures légales.

« Il n'y a pas de fatalité à la délocalisation » a pourtant déclaré en avril 2010 Pierre-André de Chalendar, directeur général de Saint-Gobain. Les bénéfices du groupe ont progressé de 291,4 % au premier semestre 2010 par rapport au même semestre en 2009, pour le plus grand bonheur des actionnaires.

Des profits qui ne sont pas seulement dus à l'habileté managériale des dirigeants. Au Portugal voisin, l'usine de Santa Iria da Azoia, située le long de la nationale 10 et appartenant au groupe, a vu sa production délocalisée et ses 125 salariés licenciés. Ils étaient 300, un an et demi plus tôt.

L'objectif de Saint-Gobain est d'abandonner la production de vitres pour transformer les locaux en simple lieu de stockage. Pourtant l'entreprise française a manœuvré avec une grande duplicité. Au début de l'année 2009, la filiale portugaise a reçu 48 millions d'euros d'aides publiques du gouvernement de Lisbonne, sans aucune contrepartie. Ses responsables ont annoncé la construction d'un haut-fourneau et l'augmentation de la production.

Des engagements oubliés immédiatement après avoir reçu l'intégralité des aides. La société a suspendu le travail et mis les salariés au chômage technique. Le gouvernement n'a pas réagi bien que le licenciement des 125 travailleurs compromette les vies et l'avenir des membres de leurs familles : au total plus de 900 personnes[10].

Les exemples de ce type abondent. Récupérer le maximum d'aides publiques et ensuite délocaliser pour faire supporter à l'Etat, victime de ces pratiques, l'intégralité du coût du chômage et des indemnisations sociales est une méthode fréquemment utilisée.

Les grands groupes se comportent à la fois comme des mendiants et des fossoyeurs : ils quêtent toutes les aides disponibles, régionales, nationales, européennes puis détruisent les emplois. Une stratégie efficace pour améliorer les résultats de l'entreprise mais parfaitement odieuse.

C'est en effet l'argent des contribuables, parfois menacés dans leur emploi, qui permet aux entreprises d'abandonner leurs salariés français, d'ouvrir des usines à l'étranger et de se livrer aux délices de l'évasion fiscale. Les bénéfices ainsi réalisés ne sont pratiquement jamais rapatriés en France et terminent la plupart du temps dans des paradis fiscaux. Un trésor de guerre qui échappe à tous les regards.

« Des risques sanitaires inacceptables »

Chaque opportunité est bonne à saisir et la priorité accordée à l'environnement devient pour les groupes privés un nouvel eldorado.

En août 2010, l'Union européenne a annoncé que, dans le cadre de son programme Life, elle allait financer 210 projets industriels à hauteur de 250 millions d'euros. Au Luxembourg, Goodyear, un champion du « dégraissage » – quel mot élégant pour parler du renvoi d'êtres humains –, va lancer son programme « Eco2 Tyre Tech » grâce à un cofinancement de 5,3 millions d'euros répartis sur 43 mois[11].

Cette mode écologique à conduit Saint-Gobain à ouvrir en mai 2010 à Chemillé, dans le Maine-et-Loire, une usine qui produira de la laine de verre destinée à mieux isoler les logements « basse consommation ». Une norme qui entrera en vigueur en 2013 pour les nouvelles habitations. Soixante-seize salariés travaillent dans ces nouveaux locaux qui ont coûté 100 millions d'euros. Une bagatelle pour un groupe dont le résultat d'exploitation au premier semestre 2010 s'élevait à 1 445 milliards d'euros.

En réalité cette vitrine écologique a bénéficié d'aides publiques qui ont considérablement allégé le coût pour une multinationale qui a pourtant les moyens de ses investissements.

Malheureusement, au même moment, les fantômes du passé se rappelaient au souvenir des dirigeants de Saint-Gobain, si désireux de faire passer leur entreprise pour un bon géant vert.

Marennes (Charente-Maritime) découvre en 2001 que l'ancien site de Saint-Gobain, situé au cœur de la ville, comporte des « risques sanitaires inacceptables », selon le rapport d'analyses élaboré en 2009 par l'ingénieur expert auprès la cour d'appel de Paris.

Les dix-sept hectares qui composent et entourent le site contiennent d'énormes quantités de cuivre, d'arsenic, de mercure et de zinc, plus d'autres métaux lourds. Trois ans plus tard, en 2004, l'Etat autorise l'urbanisation de cette zone qui est pourtant déconseillée à la promenade « en raison, selon le rapport, des risques d'inhalation de poussières métalliques, principalement de l'arsenic ». La nappe phréatique et le chenal de Marennes sont souillés depuis des années par cette pollution.

Le combat mené par le maire de Marennes, Mickaël Vallet, va révéler l'incroyable complaisance, voire la complicité, du pouvoir politique envers les groupes privés. La municipalité de Marennes a financé, entre 2002 et 2006, pour 200 000 euros d'analyses démontrant la toxicité du site, mais Mickaël Vallet « dénonce le refus d'agir des services de Jean-Louis Borloo », conjugué à l'« indifférence du pollueur ». « L'Etat est sourd, ajoute-t-il, il préfère glisser nos métaux lourds sous le tapis plutôt que de contraindre Saint-Gobain à régler le problème. Mais nous allons nous exprimer toujours plus fort, afin que Borloo et le préfet se rappellent qu'ils ont des devoirs. »

Le chantier de dépollution est évalué à 5 millions d'euros, un montant ridicule en termes de santé publique pour un groupe de cette taille, mais, souligne le maire de Marennes, « même l'hypothèse de s'adresser à Saint-Gobain de manière amiable est rejetée par l'Etat ».

« Au ministère de l'Environnement, je me suis entendu dire par un conseiller de Borloo que je risquais surtout dix ans de procédure en m'attaquant à une multinationale. On m'a aussi expliqué que la pollution serait sans doute prescrite et le site déclaré orphelin. Ça, même Saint-Gobain n'avait pas osé[12]. » Exaspéré, le maire a décidé de porter plainte contre l'Etat.

L'arme du silence

« Forts avec les faibles, faibles avec les forts », voilà qui me semble caractériser l'attitude des politiques. Ils traitent les élus et les citoyens avec mépris, les groupes industriels ou financiers avec déférence, quels que soient les abus auxquels ils se livrent en matière d'environnement ou de délocalisation.

Le chantre du Grenelle de l'environnement, Jean-Louis Borloo, en fait la démonstration avec ce dossier. Là encore domine ce que j'évoquais au début du chapitre : le silence. Une véritable stratégie pour les entreprises, une condamnation à mort pour les victimes.

Cette arme du silence, je l'ai découverte au début des années 1970 à Belgrade en rencontrant Milovan Djilas, un nom probablement oublié de tous aujourd'hui, mais il était pourtant le premier des dissidents.

Il venait juste de sortir de prison et vivait dans un minuscule appartement surveillé en permanence par la police. Après avoir été le numéro 2 yougoslave, le bras droit du maréchal Tito, il s'était dressé contre les excès et la corruption de la nouvelle classe dirigeante au pouvoir en Yougoslavie et dans les autres pays communistes. Tito le fit jeter en prison pour de longues années. Djilas était un intellectuel auquel, en cellule, on retira tout droit d'écrire et de lire.

« Juste avant que commence ma peine, me confia-t-il, Tito a voulu me voir une dernière fois. Nous étions debout, dans son bureau, face à face, et il a pointé son index dans ma direction en lançant : "Toi, je ferai tout pour que tu sois tué par le silence"[13]. »

J'évoque cet épisode parce que cette formule violente et cynique m'avait frappé et que, quarante ans plus tard, malgré les différences de contexte les méthodes n'ont pas changées.

Pour les dirigeants d'un groupe, délocaliser obéit moins à une logique d'efficacité économique, qu'à une priorité : augmenter à tout prix les dividendes de leurs actionnaires. Tous dédaignent superbement les effets dévastateurs de leurs choix.

Les projets de délocalisation sont conçus comme les War Games au sein du Pentagone ou dans les autres ministères de la Défense : des scénarios de crise, où sont évalués les meilleures opportunités et les chances de succès des stratégies les plus efficaces.

Dans toute firme, digne d'intérêt pour ses actionnaires, les délocalisations sont longuement planifiées à l'avance : ampleur des licenciements, transfert de l'outil de travail, et choix du nouveau pays hôte y sont soigneusement détaillés. Dans le plus grand secret. Toujours l'arme du silence.

Les travailleurs, surpris, doivent être complètement pris à contre-pied et incapables de réagir efficacement. Pour un groupe, l'annonce d'une délocalisation est réussie lorsque les salariés, en état de choc, ne peuvent pas répliquer et que les médias ne relèvent pas durablement la nouvelle.

Le choix du moment est également extrêmement important : il convient d'éviter un contexte politique et social générateur de fortes tensions ou de polémiques trop violentes.

L'économie impose sa loi aux politiques

La France est un des pays où le coût social des délocalisations est un des plus élevés au monde. En agissant avec brutalité et rapidité, la firme qui délocalise oblige les responsables locaux et régionaux à agir à chaud et souvent dans une certaine improvisation.

L'économie désormais domine et impose sa loi aux politiques. Elle crée l'espace et la réalité auxquels les politiques font semblant de s'adapter. Résignés ou complices, les responsables gouvernementaux ne cherchent même plus à utiliser l'argent public pour tenter d'imposer aux entreprises un code de bonne conduite.

ST Microelectronics est une filiale du géant Ericsson. Elle emploie sur son site de Grenoble 2 400 salariés. En 2009 les salariés n'ont pas été augmentés alors que les membres de la direction et de l'encadrement ont bénéficié d'importants bonus.

L'histoire sociale du groupe est agitée. Le 22 octobre 2003, l'ancien propriétaire, basé à Genève, décide de fermer l'usine de Rennes où travaillaient 650 personnes. La production est transférée à Singapour.

« En réalité, notre usine est profitable, explique à l'époque le représentant CFDT du personnel. A Singapour, le coût d'une plaque six pouces coûte 200 dollars de main-d'œuvre. Ici, à Rennes, lorsque les lignes de production tournent à leur vitesse de croisière, il se situe autour de 250 dollars. A ce prix c'est rentable. Evidemment, à Singapour, ça l'est un peu plus. La conclusion c'est que nous ne sommes pas confrontés à un plan de licenciement économique, mais à un plan financier[14]. »

L'arrêt du site de Rennes survenait alors que le groupe avait réalisé un bénéfice de 160 millions de dollars au premier semestre 2003 et de 429,4 millions de dollars pour l'exercice 2002.

A l'époque, l'Etat était encore détenteur d'une participation de 17,44 % dans le capital de ST Microelectronics à travers France Télécom et Areva. La seule et unique intervention d'un membre du gouvernement fut celle de Nicole Fontaine, ministre déléguée à l'Industrie qui demanda, en vain, à la direction de geler la procédure de fermeture du site... pendant deux mois.

Depuis, ST Microelectronics, en coopération avec Motorola et Philips, développe un nouveau site à Crolles en Isère. Le programme Nano 2012 lui a permis d'encaisser la modique somme de 543 millions d'euros de subventions, versées par les collectivités locales, l'Union européenne et l'État. Seule contrepartie : la création de six cents emplois dont le coût sera nettement inférieur au montant des aides perçues. Des créations d'emplois dont les syndicats doutent même de la réalité.

55 millions d'aides publiques pour délocaliser

Nicolas Sarkozy affirmait le 4 décembre 2008 « qu'il n'y aurait pas d'aide sans engagement à ne plus délocaliser ». Il allait être ouvertement désavoué par l'organisme qu'il avait lui-même créé pour justement maintenir des emplois.

L'objectif assigné au Fonds stratégique d'investissement (FSI), créé en 2008 et doté de 14 milliards d'euros, vise en effet à tenter de juguler les effets de la crise. Contrôlé par l'Etat et la Caisse des dépôts et consignations, il semblait offrir toutes les garanties d'impartialité. Une illusion vite dissipée par l'incroyable cynisme affiché par ses dirigeants dans le traitement de l'affaire de l'équipementier automobile Trèves.

Mobilisés depuis plusieurs mois contre la fermeture de deux de leurs usines, les salariés découvrent que le groupe vient de toucher 55 millions d'euros du Fonds de modernisation des équipementiers automobiles (FMEA), une filiale du Fonds stratégique d'investissement. Immédiatement après, la direction annonce la suppression de six cents emplois et la fermeture de deux sites, l'un dans la Marne, l'autre dans l'Oise…

Les salariés apprennent ensuite que l'entreprise revient sur ses engagements passés et transfère une partie de ses activités en Roumanie. Mais le coup de grâce sera porté au personnel le 14 octobre 2009.

Ce jour-là, les élus du comité d'entreprise sont reçus à Bercy, au ministère de l'Economie et des Finances par Hervé Guyot, directeur de la branche du FSI qui a versé les 55 millions d'euros d'aide. Ses propos frappent de stupeur l'assistance :

« Je vais être transparent avec vous, dit-il. Nous avons décidé en janvier 2009 d'intervenir dans le groupe Trèves pour éviter un dépôt de bilan et la décision a été prise en février : on a bien vu que le FMEA ne pouvait pas intervenir sans une restructuration massive. La seule solution viable était la fermeture de deux usines non rentables » a déclaré Hervé Guyot pour qui la décision de les fermer devenait irrévocable à partir du moment où Trèves acceptait les aides publiques[15].

L'argent destiné à la sauvegarde de l'emploi en France, octroyé grâce à la complicité d'un organisme d'Etat, a donc permis aux dirigeants de ce groupe de licencier en toute quiétude plusieurs centaines de salariés et de financer leur délocalisation dans un pays à bas coûts…

Le Fonds stratégique d'investissement semble moins intéressé par la défense des victimes de la crise que par une étroite collaboration avec des partenaires financiers réputés pour leur rapacité en affaires. C'est le cas du milliardaire belge Albert Frère qui va s'associer au FSI pour tenter de racheter un tiers du capital de l'armateur CMA-CGM, numéro 3 mondial du transport des conteneurs. Coût de l'opération pour les deux partenaires : 500 millions de dollars !

Une des expressions favorites d'Albert Frère est : « Il faut faire grossir la galette », ce qui signifie plus prosaïquement qu'il envisage un retour sur investissement rapide. Certains responsables, inquiets de ce rapprochement quelque peu contre nature, redoutent qu'il n'ait obtenu du FSI et de la Caisse des dépôts et consignations l'engagement de racheter rapidement et à un prix élevé ses actions dans le groupe maritime.

Un autre événement troublant jette un doute sur l'objectivité avec laquelle les fonds publics sont utilisés et investis : dix-huit mois après sa nomination à la tête du FSI, Gilles Michel démissionne de ses fonctions à la surprise générale. Ce départ survient alors même qu'a lieu le rapprochement entre le FSI et le milliardaire belge.

Gilles Michel quitte son poste pour prendre la direction du groupe Imerys, leader mondial des minéraux stratégiques. Une société dont l'actionnaire majoritaire, pur hasard évidemment, n'est autre qu'Albert Frère.

Chapitre 3

Berlin et Wall Street : la chute des murs

En 1989, à Berlin-Est, j'ai découvert à proximité du Mur, qui n'était pas encore tombé, un lieu étrange dont j'étais visiblement le seul à pousser la porte. Il s'agissait d'un restaurant chinois à la vaste salle décorée de laque rouge et d'ivoire. Les tables impeccablement dressées étaient toutes aussi vides que les regards des jeunes serveuses. Leurs tuniques traditionnelles chinoises dissimulaient mal le fait qu'elles étaient toutes allemandes.

Leurs traits figés reflétaient l'ennui et aucune d'entre elles ne m'invita à m'asseoir. La scène ressemblait à un décor de film où des figurants impassibles attendent l'ordre du metteur en scène pour se mettre en mouvement.

Un maître d'hôtel à l'expression agacée surgit brusquement des cuisines et déclara d'emblée : « Il n'y a pas de place libre. » L'ami allemand qui m'accompagnait lui rétorqua : « Et si nous revenions plus tard dans la soirée ? » L'homme secoua la tête, faussement navré, avant de répliquer par cet argument grandiose : « Ici, il n'y a pas une seule table disponible avant deux mois ! »

Ce mensonge éhonté illustrait parfaitement la boutade qui courait dans l'univers communiste : « Nous faisons semblant de travailler, ils font semblant de nous payer. » Ce restaurant qui refusait tout client, pour préserver la quiétude de son personnel, ressemblait à un élément de ces villages Potemkine construits pour faire illusion auprès de Catherine II : il mimait l'exotisme, l'ouverture, mais il s'agissait seulement d'un décor en trompe-l'œil.

Immobile, à Berlin-Est comme à Moscou, le communisme cherchait à prolonger sa propre survie, immuable, sourd aux clameurs qui montaient et réclamaient sa disparition. Ses dirigeants se montraient étrangement indifférents au passage du temps, comme si, impuissants à le maîtriser, ils avaient choisi de l'ignorer.

L'écrivain Václav Havel, devenu président de la République, me raconta son arrivée au château qui domine Prague et qui, pendant des décennies, avait abrité les responsables communistes : « Dans les pièces que je traversais, toutes les pendules étaient arrêtées. Les communistes vivaient hors du temps[16]. »

L'arbre japonais cachait la forêt chinoise

En 1990, un milliard seulement d'êtres humains vivaient et travaillaient dans un régime d'économie libre. L'Allemagne de l'Est, comme l'ensemble de l'immense Empire soviétique, appartenaient à ces nombreuses zones du monde encore fermées aux échanges de biens, de monnaies, de personnes et d'information.

Lorsque le mur de Berlin s'effondra, il est indéniable que cette ouverture plus symbolique que béante fut le passage par lequel s'engouffra la mondialisation qui ne demandait qu'à éclore.

Dix ans plus tôt, en 1978, Deng Xiaoping, en lançant les « quatre modernisations » et la politique de « la porte ouverte », destinée à favoriser les investissements étrangers et l'apport de technologie, jetait les bases d'une Chine qui allait, en trente ans, devenir la deuxième économie mondiale. Mais, curieusement, en 1989, l'effondrement du mur de Berlin et de l'Empire communiste créé en 1917 par Moscou intéressait davantage les observateurs que la rapidité des « bonds en avant » accomplis par Pékin.

La Chine était alors considérée comme un pays condamné à rester longtemps sous-développé et contraint d'accueillir pendant de longues décennies les productions peu qualifiées et à faible valeur ajoutée, délocalisées par l'Occident.

L'arbre japonais, en réalité, cachait la forêt chinoise. Dans les années 1980, les inquiétudes sur la montée en puissance industrielle et commerciale de Tokyo aveuglaient l'Occident et l'incitaient à croire que la future compétition économique mondiale continuerait de se jouer entre pays riches.

Un seul détail semblait avoir échappé à la sagacité des observateurs : en s'ouvrant aux entreprises occidentales qui délocalisaient, la Chine ne faisait pas preuve de faiblesse mais accumulait au contraire les atouts qui lui fourniraient, à terme, la victoire : capitaux, technologies, savoir-faire.

Des gammes de produits, des techniques de production ne sont jamais neutres et leur transfert vers des pays émergents peut fournir à ceux-ci des atouts déterminants qu'ils retournent ensuite contre leurs rivaux.

Je suis convaincu que les délocalisations, et c'est ce qui rend ce phénomène particulièrement dangereux, ne sont pas les résultats des forces du marché. En réalité, les entreprises occidentales sont manipulées par les gouvernements des pays émergents, je pense principalement à la Chine et à l'Inde. Ils s'efforcent à tout prix de récupérer les emplois installés dans les pays riches en développant toute une politique de séduction et d'incitation.

Une dérive mercantile

La confrontation actuelle qui s'engage n'a rien à voir avec la rivalité Est-Ouest des années 1970. L'Union soviétique était une superpuissance nucléaire mais un nain économique, alors qu'aujourd'hui la montée en puissance des économies chinoise et indienne coïncide avec le déclin de l'Europe et des Etats-Unis.

Au milieu des années 1980, l'Union soviétique déployait des efforts considérables, grâce à son appareil de renseignement, pour mettre la main sur la technologie occidentale. Un transfuge soviétique, Joseph Arkov, m'avait confié : « Le développement des produits civils et commerciaux n'est jamais une priorité. Si un produit nouveau tombe entre les mains des Soviétiques, ils lui chercheront immédiatement une application militaire[17]. »

Le consulat soviétique à San Francisco, aux dimensions imposantes, abritait des effectifs pléthoriques : 190 diplomates, autant qu'à l'ambassade de Washington. Selon le FBI, 90 % d'entre eux avaient pour objectif une activité d'espionnage.

Un travail de routine pour les trois quarts d'entre eux, puisqu'il consistait à fréquenter les librairies scientifiques, à s'abonner aux revues spécialisées ou encore à suivre les séminaires qui se succédaient dans la région à un rythme soutenu.

En fait, les agents soviétiques n'avaient guère d'efforts à fournir pour obtenir des informations. Il leur suffisait de photocopier les pages des magazines bimensuels comme *Defense Electronics* ou *Military Electronic Countermeasures* pour y trouver les détails les plus précis sur les derniers systèmes d'armement, leurs perfectionnements, les éléments qui les composent, les noms des fabricants.

Je me souviens de cette surenchère stupéfiante dans la Silicon Valley voisine. Cette pointe extrême du capitalisme où se façonnait le troisième millénaire était devenue le centre mondial de l'espionnage. Mais pour les dirigeants de firmes de haute technologie, devancer un concurrent immédiat était beaucoup plus important que de vaincre un adversaire militaire et politique hypothétique ; d'où cette sidérante débauche de publicité, révélant les détails les plus intimes d'armes secrètes.

Cette dérive mercantile avait atteint, au milieu des années 1970, un sommet. En enquêtant sur ces transferts, supposés illicites, de technologie, j'avais découvert que le gouvernement américain manifestait une surprenante tolérance envers des firmes dont il était censé contrôler les activités « hautement sensibles ».

Depuis 1972, les Etats-Unis fabriquaient en Union soviétique les roulements à billes miniatures indispensables à la mise au point du système de guidage qui équipe les missiles balistiques soviétiques MIRV à têtes multiples. Là encore, la décision de rompre avec la politique d'embargo reposait uniquement sur des considérations commerciales.

Selon le Pentagone, plusieurs compagnies italiennes et suisses, contractants de l'Otan, fabriquaient des pièces semblables et approvisionnaient depuis plusieurs années les Soviétiques.

Par chance pour les Occidentaux, Moscou était un Etat mendiant et un régime indigent, dont les gains technologiques obtenus par le vol lui permettaient tout juste de maintenir à flot son secteur militaire. Cette coopération de firmes occidentales ne prêtait guère à conséquences car l'URSS, à la différence de la Chine, n'a jamais eu les moyens ni la volonté politique de devenir une grande puissance économique. Les missiles soviétiques pointés sur nous représentaient donc une menace bien moindre que les délocalisations en direction de la Chine. C'est toute la différence et l'ampleur du défi auquel nous sommes confrontés aujourd'hui.

« Ils quittent la cage pour découvrir la jungle »

Le monde s'est radicalement transformé en vingt ans parce que la chute du mur de Berlin et la fin du communisme ont permis d'intégrer des centaines de millions d'hommes à l'essor naissant de la mondialisation. Leurs univers se désenclavaient et comme le déclarait avec justesse le cinéaste d'origine tchèque Miloš Forman : « Ils quittaient la cage pour découvrir la jungle. »

Trois ans avant la chute du Mur, j'avais rencontré à Berlin-Est l'avocat Wolfang Vogel. Il habitait une villa neuve et cossue dans le quartier réservé aux dignitaires du parti communiste, à proximité du nouveau siège de la Stasi, la police politique. Détail rare dans ce pays communiste, une Mercedes flambant neuve stationnait devant l'entrée. La salle d'attente de Vogel était bondée : femmes seules, familles entières, tous affichant le même visage las et anxieux. Ces gens avaient tous un parent détenu, et cet avocat était leur seul espoir de le voir libéré.

C'était un homme au visage rond et anodin, qui portait d'imposantes lunettes. Au mur, derrière son bureau, était accroché, détail étrange, un crucifix, et sur les étagères je distinguais des images pieuses.

Il m'expliqua qu'il était communiste mais également chrétien, un grand écart aussi surprenant que l'activité à laquelle il se livrait : il vendait pour le compte du gouvernement communiste des hommes en échange de marks convertibles ouest-allemands.

Chaque année, le régime, au bord de la faillite, arrêtait et condamnait, sous des prétextes fallacieux, des citoyens est-allemands professionnellement qualifiés. Vogel était ensuite chargé de négocier leur rachat par le gouvernement d'Allemagne de l'Ouest. C'était un homme méticuleux qui me détailla les barèmes de prix correspondant au niveau de qualification et au domaine d'activité.

En général, ceux qui séjournaient derrière les barreaux possédaient un niveau de compétence susceptible d'intéresser les entreprises ouest-allemandes. Le communisme, dans sa version prussienne, administrait de façon saisissante la preuve de sa faillite : il se livrait à une véritable traite d'êtres humains ; une fuite des cerveaux, mais officiellement organisée, à l'inverse de ce que l'Inde, la Chine et l'ensemble des pays émergents avaient dû affronter pendant des décennies.

Les premières délocalisations

Pourtant les capitalistes occidentaux étaient fascinés par ces univers totalitaires dont les frontières fermées constituaient autant de marchés qui leur échappaient. Dès le début des années 1970, les dirigeants communistes et les grands hommes d'affaires s'engagèrent dans un flirt extrêmement poussé.

Tout commença en réalité le 22 octobre 1962 lorsque Richard Nixon, vaincu deux ans plus tôt à l'élection présidentielle par Kennedy, connut une défaite cinglante en tentant de conquérir le poste de gouverneur de Californie. « Réjouissez-vous, lança-t-il aux journalistes présents, vous ne me reverrez plus. »

Six ans plus tard, il devenait le 37e président des Etats-Unis. Pendant cet intervalle, Nixon devint avocat et fut engagé par Donald Kendall, le président de Pepsi-Cola qui pressentait l'importance et les potentialités des marchés communistes où il livrait une lutte à couteaux tirés avec son grand rival Coca-Cola.

Nixon se transforme en VRP de luxe pour la firme. L'ancien mal-aimé de la politique américaine multiplie les voyages à l'étranger, renoue contacts et relations avec les dirigeants politiques, affine son personnage, prépare son retour et, durant ses déplacements, parle beaucoup de Pepsi-Cola.

A Taiwan, il obtient de Tchang Kaï-chek un arrangement exclusif pour la compagnie de Kendall... Cinq ans avant de reconnaître la Chine populaire. A la foire de Moscou, sur le stand de Pepsi-Cola, il offre une bouteille à Nikita Khrouchtchev. Un tournant.

Pendant la guerre froide, les partis communistes occidentaux évoquaient « l'impérialisme américain et les fascistes coca colonisateurs (*sic*) ».

Coca-Cola, directement visé, engage des négociations en Tchécoslovaquie, avant le printemps de Prague, qui aboutiront après l'entrée des troupes soviétiques et la « normalisation du pays ».

Mais, grâce à Nixon, Pepsi triomphera en URSS. Le contrat sera paraphé en 1972 au cours d'un voyage officiel à Moscou de Nixon devenu président. Le contrat prévoit la création sur le territoire communiste d'une usine destinée à produire 74 millions de bouteilles par an. Pepsi fournit sous licence toute la technologie, l'encadrement et se fait payer en vodka et en vins soviétiques.

En 1974, le géant américain de l'armement Rockwell International coopère avec plusieurs entreprises militaires soviétiques. Tout comme Hewlett Packard, gros contractant du Pentagone.

Dans cette course vers l'est, les Européens ont plusieurs longueurs d'avance sur leurs rivaux américains. Krupp, le géant allemand de l'acier, qui fut un des piliers économiques du régime nazi, va s'implanter en Pologne et en URSS, dès la période de la guerre froide, et reprendre ainsi paisiblement sa croissance à l'ombre d'un autre totalitarisme.

Le rêve de « l'Avocat »

L'exemple le plus flamboyant de cette volonté d'utiliser les pays communistes comme une véritable base de délocalisation, viendra du tout-puissant président de la Fiat, Giovanni Agnelli.

Jusqu'à l'âge de quarante ans, il a mené la vie d'un play-boy oisif avant de prendre les rênes d'un groupe familial qui représente la première puissance industrielle et financière de la Péninsule. Agnelli, durant son long règne à la tête de la Fiat, sera toujours considéré comme l'homme le plus influent d'Italie.

La Fiat est un immense empire, largement diversifié, qui regroupe plus de 230 sociétés réparties à travers le monde. En Italie, on estime dans les années 1970, que 13 % de la population active italienne vit directement ou indirectement grâce aux activités du groupe.

Sa réalité financière, elle, est un exemple magistral d'imbroglio fiscal : le capital de l'International Holding Fiat, propriété totale de la famille Agnelli, est détenu en

Suisse, à Lugano. Au début des années 1970, Agnelli décide de transférer la fortune familiale aux Etats-Unis et au Luxembourg. Le ministre italien de l'Industrie s'indignera que les Agnelli soient « sur le point de posséder, dans un paradis fiscal, une société financière dont le capital va devenir plus important que celui de la Fiat ».

Pourtant « l'Avocat » – c'est ainsi qu'on surnomme Giovanni Agnelli – entretient d'excellentes relations avec les responsables du Parti communiste italien. A l'époque, le pays, plongé dans un véritable chaos politique et social, est considéré par la communauté internationale comme financièrement insolvable. Pourtant l'Etat italien, lui-même à la limite de la banqueroute, se met à accorder des prêts à l'Union soviétique. Et qui en bénéficie? Giovanni Agnelli.

Il peut ainsi avec de l'argent public financer la construction de ses usines en Pologne, en Hongrie et en Union soviétique. Tout en supprimant 4 000 emplois en Italie.

La main-d'œuvre bon marché et solidement encadrée des pays de l'Est va permettre à la Fiat d'installer des usines de montage en Pologne (160 000 voitures chaque année) et surtout en URSS où elle exploite à Togliattigrad un complexe géant qui produit annuellement 700 000 Lada, une copie de la Fiat 124.

Une opération financée par le gouvernement italien qui devient l'un des plus importants créanciers de l'Union soviétique.

J'avais rencontré Giovanni Agnelli au début des années 1990 à Portofino, où était amarré son superbe voilier. De petite taille, boitant légèrement, il conservait un port altier presque arrogant, mais paraissait lassé des plaisirs de la vie et de l'exercice du pouvoir dont il avait abondamment usé.

Il était revenu sur la chute du mur de Berlin : « Ces pays qui s'ouvrent à l'économie de marché sont la profondeur stratégique qui manquait aux entreprises occidentales pour dynamiser leur croissance. Elles vont pouvoir y transférer capitaux et technologies. » « Est-ce que ces nouvelles usines ouvertes dans des pays à faible coût de main-d'œuvre vont condamner l'emploi en Europe de l'Ouest et aux Etats-Unis ? » Il avait haussé les épaules comme si ma question lui paraissait superflue : « C'est l'ADN même du système que de maximiser les profits en choisissant les lieux les mieux adaptés à sa logique. Les entreprises et leurs salariés devront s'adapter à cette nouvelle réalité. C'est comme être sur un toboggan. Vous dévalez la pente de plus en plus rapidement et vous n'avez d'autre choix que de continuer jusqu'à l'arrivée. »

Sans même le savoir, Agnelli venait de livrer la définition de ce qui allait être la mondialisation. Au moment de clore ce sujet, comme c'était un homme impatient, je lui ai demandé quel était réellement son objectif en fabriquant des voitures en Union soviétique et en Pologne, deux pays au pouvoir d'achat ridicule. Pour la première fois il avait souri : « Mais les réexporter à l'Ouest pour les revendre en Italie et sur les marchés européens avec un bénéfice accru. J'avais vingt ans d'avance. C'est exactement ce qui est en train de se produire aujourd'hui[18]. »

« Une évolution favorable aux entreprises mais pas aux travailleurs »

Les entreprises allemandes furent les premières à délocaliser dans les pays de l'Est au début des années 1990.

La part des produits intermédiaires importés dans les produits finis exportés par l'industrie allemande s'accrut fortement. Il s'agissait d'une succession de produits délocalisés assemblés ensuite en Allemagne pour bénéficier du label *Made in Germany*.

Une stratégie que l'économiste Hans Werner Sinn, président de l'Institut pour la recherche économique de Munich a qualifié d'« économie de bazar ». Pour l'expliquer, il évoque l'« effet Cayenne ». « L'économie de bazar, déclare-t-il, est un phénomène par lequel un certain nombre d'activités de l'amont sont externalisées vers d'autre pays, alors que les activités en aval qui se rapprochent du consommateur, sont maintenues et se développent. Seul l'assemblage des pièces se fait encore en Allemagne alors que la valeur a été produite ailleurs. L'économie allemande fournit donc des produits magnifiques et très variés au reste du monde. En réalité, une partie croissante de ces produits vient de la zone Est de l'Allemagne ou des pays de l'Est. »

« On pense généralement que la Porsche Cayenne est fabriquée à Leipzig, où il y a une usine, et que les voitures sont ensuite exportées vers la France, les Etats-Unis et le reste du monde. Cette voiture paraît être un pur produit allemand. En réalité, ce n'en est pas un. 88 % de la valeur de la Cayenne vient de Bratislava, en Slovaquie. La voiture est en fait quasiment terminée quand elle arrive à Leipzig, où on assemble la colonne de volant, les boîtes de transmission et les trains roulants. L'unité de production de Leipzig est en fait une sorte de "bazar" qui rajoute peu de valeur ajoutée. La raison en est le coût élevé de la main-d'œuvre allemande. »

Une évolution dont il reconnaît qu'elle est « favorable aux entreprises mais pas aux travailleurs. Le commerce international ne va pas contribuer à développer le marché du travail, ce qui est le vrai test pour mesurer la capacité d'un pays à réagir aux mouvements de la mondialisation. Beaucoup d'emplois industriels ont disparu et leurs anciens titulaires ne passent pas forcément à d'autres secteurs mais deviennent des assistés sociaux[19] ».

Autres assistés qui bénéficient, eux, de tous les égards : les groupes industriels qui ont fermé de nombreux sites et perçoivent, nous l'évoquerons plus loin, des millions d'euros de subventions européennes, pour s'implanter à l'Est. Nouvel usage judicieux des deniers publics.

Ces transferts d'activités, qui découle de l'intégration des anciens pays communistes dans l'économie mondiale, se sont soldés par une désindustrialisation dramatique de l'Europe de l'Ouest. En dix ans, l'emploi industriel a baissé en moyenne de 15 % dans l'Union européenne, et de 20 % en France.

La chute de Wall Street accélère les délocalisations

L'ébranlement, vingt ans plus tard, d'un autre mur, Wall Street, précipite le monde dans une crise généralisée et accélère encore le rythme des délocalisations. Les banques américaines ont détruit l'emploi de millions de personnes.

En 2009, l'emploi industriel a encore baissé de 12 % aux Etats-Unis, tandis que les capitaux s'investissent dans les pays émergents. En 2010, toujours aux Etats-Unis, quatorze millions de cols blancs, soit un salarié sur neuf, risquaient de voir leur emploi délocalisé. Dans des secteurs aussi différents que la finance, le juridique, le médical, l'informatique.

Aucun domaine d'activité n'est donc épargné. En 2008, outre-Atlantique, 700 000 emplois ont été délocalisés en Inde : dans des secteurs comme les services clients ou le *back office*. Des choix qui aboutissement également au transfert dans un pays étranger d'informations sensibles.

Les avocats des délocalisations continuent d'expliquer qu'elles se limitent à des disparitions d'emplois peu qualifiés. Leur argument est non seulement faux et dangereux mais aussi dépassé comme je vais le démontrer un peu plus loin.

Avoir un salaire au-dessus de la moyenne, ce qui ne signifie pas un haut salaire, vous rend particulièrement vulnérable. Les « pro-délocalisations » font preuve d'aveuglement et raisonnent à court terme en relativisant les pertes de ces centaines de milliers d'emplois, sans comprendre qu'il s'agit d'une tendance lourde et d'une véritable lame de fond.

L'équipe de Barack Obama affiche un slogan qui est aussi un sujet de plaisanterie : « Ne jamais laisser passer l'opportunité d'une bonne crise. » J'avoue que je ne perçois pas très bien l'humour contenu dans cette formule ni de quelle manière Obama et son équipe l'ont mise en application.

Par contre, j'ai pu observer à quel point le monde des affaires a perçu cette crise comme une véritable aubaine. Je citerais seulement un exemple dans un secteur soutenu par l'Etat fédéral et qui a bénéficié d'injections massives d'argent du contribuable.

C'est le cas de Jamie Dimon, le patron de la banque JP Morgan. Ce proche d'Obama est un des grands requins de Wall Street et l'un des artisans de la débâcle de 2008. Il a reçu 25 milliards de dollars dans le cadre du plan d'aide aux banques et s'est empressé, immédiatement après ce versement, de délocaliser en Inde les activités d'un certain nombre de sociétés contrôlées par sa banque. Des membres du Congrès lui écrivirent indignés : « Alors que vingt et un hommes ou femmes en moyenne reçoivent chaque jour un avis de licenciement avec la peur d'un avenir économique incertain, comment ces travailleurs américains dont beaucoup sont vos consommateurs peuvent-ils espérer en un avenir meilleur quand les compagnies qu'ils ont aidées (à travers le plan de sauvetage des banques) délocalisent des emplois dont ils ont désespérément besoin[20] ? »

Au même moment l'*Economic Times of India* écrivait, enthousiaste, que JP Morgan « est une des premières banques aux Etats-Unis depuis la tourmente bancaire, à pratiquer le dégraissage dans sa stratégie de délocalisation[21] ».

Chapitre 4

Quand l'Occident dominait le monde

L'historien et économiste Paul Bairoch écrivit autrefois : « L'Occident n'a plus besoin du tiers-monde et c'est une mauvaise nouvelle pour le tiers-monde[22]. » Son constat mériterait aujourd'hui d'être reformulé ainsi : « L'ancien tiers-monde n'aura bientôt plus besoin de l'Occident et c'est une mauvaise nouvelle pour celui-ci. »

La condescendance des nations riches s'exprimait notamment dans le choix des mots : tiers-monde, puis pays en développement et enfin économies émergentes. Des formules qui étaient autant de relégations à l'arrière-plan.

Un véritable basculement du pouvoir

Depuis peu tout a changé et au niveau planétaire nous assistons à un véritable basculement du pouvoir qui s'accélère depuis 2009. Plus de la moitié de la croissance mondiale sera assurée en 2010 par les économies des pays émergents, et la Chine, à elle seule, contribuera pour près d'un tiers à cette croissance.

Il convient de rappeler quelques chiffres depuis longtemps oubliés : jusqu'en 1820 les économies des pays dits émergents représentaient 70 % de l'économie mondiale. La domination occidentale qui suivit ne fut donc, à l'échelle de l'histoire, qu'une brève parenthèse qui se referme aujourd'hui.

Le théoricien marxiste italien Antonio Gramsci employa au début des années 1920 une formule qui s'applique en réalité parfaitement au monde d'aujourd'hui : « Le neuf ne peut pas totalement naître parce que le vieux ne veut pas encore mourir. »

J'ai choisi d'évoquer uniquement l'Inde et la Chine, parce qu'ils seront les géants de demain et que notre surprise devant leur fulgurante montée en puissance montre à quel point nous ignorons tout d'eux.

George Orwell fait dire à un de ses personnages : « Contrôler le présent c'est contrôler le passé et contrôler le passé c'est contrôler l'avenir. » C'est exactement ce que nous avons fait avec l'Inde et la Chine. Nous avons révisé et réécrit leur histoire en nous référant à l'Europe du XIXe siècle. Bref, nous avons érigé un mur de préjugés et d'incompréhension qui, dans certains domaines, persiste encore, et constitue pour nous un handicap.

Le pouvoir rend arrogant et notre domination qui s'achève nous fait oublier qu'il y a cinq siècles c'était la Chine et non l'Europe qui possédait la technologie la plus avancée. L'Asie, à elle seule, était alors responsable de 75 % des productions de la planète.

Le mouvement en cours, dont nous sommes de plus en plus les victimes et de moins en moins les acteurs, n'est que l'achèvement d'un long périple qui a vu le pouvoir économique passer des mains de la Chine à celles de l'Europe puis à celles des Etats-Unis, avant de revenir vers la Chine. La révolution industrielle avait commencé en dehors de Londres, au XVIIIe siècle, mais, vers 1830, la capitale britannique en avait ressaisi les leviers, avant qu'ils ne lui échappent définitivement au profit de New York, après la Première Guerre mondiale. Désormais, c'est Pékin et Shanghai, Delhi et Bombay (Mumbai) qui achèvent ce transfert phénoménal de création de richesse.

Vingt-deux dynasties

En 1405, une gigantesque armada de 317 navires, transportant 27 000 marins et soldats se lança sur ordre de l'empereur de Chine dans un extraordinaire voyage d'exploration. Il visita les côtes d'Afrique, rallia Aden et Djeddah et établit les bases du commerce maritime chinois dans tout l'océan Indien. Jusqu'en 1432, six expéditions semblables se succédèrent, toutes dirigées par l'amiral Zheng He, un marin remarquable et un eunuque chinois musulman.

Les flottes partent toutes de Nankin, rétablissent un protectorat sur les îles de la Sonde qui fournissent l'empire du Milieu en or, poivre et épices. Il aurait suffi à ces navires chinois qu'ils doublent le cap de Bonne-Espérance, lors de leurs périples africains, un demi-siècle avant les Portugais pour qu'ils découvrent l'Europe. A cette époque, la population de la Chine atteint 100 millions, 90 millions concentrés dans les zones côtières, 10 millions dans le nord du pays.

Depuis le premier empereur de la dynastie Ts'in, artisan de l'unité du pays en 221 av. J.-C. jusqu'à la chute en 1911 du dernier empereur mandchou, vingt-deux dynasties se sont succédé en Chine conférant, *a posteriori*, à la monarchie impériale un symbole de stabilité qu'elle n'a pas toujours incarné.

L'empereur gouverne en vertu d'un « mandat du ciel », contrat qui, selon un philosophe chinois, « ne récompense que la vertu[23] ». Les défaites militaires, les catastrophes naturelles, les désordres qui agitent l'empire, sont perçus comme un manque de vertu de l'empereur qui, considéré comme indigne, cesse alors d'être le mandataire du ciel.

Dans l'ancienne Chine, les révoltes populaires sont considérées comme le signe avant-coureur d'une déchéance de l'empereur. L'apparat de cette monarchie apparemment immuable est extraordinaire, à la fois par sa splendeur, le poids de l'étiquette et l'influence des ministres, lettrés, eunuques, courtisanes, concubines.

En 1557, les Portugais s'installent à Macao, en face de Canton ; puis, aux XVIIe et XVIIIe siècles, les Hollandais et les Anglais acquièrent une position dominante dans le commerce avec la Chine. Les échanges portent essentiellement sur le thé, le coton dont les demandes s'accroissent de façon exponentielle en Europe. Le commerce de l'or revêt aussi une place importante en raison de son prix bien plus bas que sur les marchés européens où il est rare et cher comparé au prix de l'argent.

L'Empire chinois, une zone de libre-échange

Tous les Occidentaux qui débarquent en Chine à cette époque restent dans les ports et ne s'aventurent pas à l'intérieur du pays. Ils séjournent à la lisière d'un pays dépourvu de statistiques modernes, d'un armement élaboré et de perfectionnements techniques.

Cette masse informe, surpeuplée, est à leurs yeux le reflet d'un pays arriéré. Une impression renforcée par une monarchie et des institutions qui semblent inaptes au changement. Marchands, missionnaires, diplomates vont, à travers leurs observations et leurs témoignages, forger l'image d'une Chine médiévale. Ils s'attachent essentiellement aux relations de Pékin avec l'étranger en délaissant la société.

Or, en 1800, l'économie connaît un développement rapide et considérable. Un paradoxe généralement ignoré. Comme l'écrit le sinologue John King Fairbank : « L'immense Empire chinois est une zone de libre-échange plus peuplée que toute l'Europe. La production des récoltes présentant des avantages comparés était largement avancée : les provinces du bas Yangtse étaient spécialisées dans la production de riz alors que les provinces situées juste au nord produisaient du coton afin de permettre les échanges.

« Nombreux étaient les centres où des artisans produisaient des spécialités réputées dans le pays tout entier [...]. Un observateur britannique de la première heure avait calculé, à sa propre stupéfaction, que dans les années 1840, le port de Shanghai voyait passer un tonnage plus important que le port de Londres qui était déjà alors le centre du commerce occidental[24]. »

Malgré un niveau élevé de ressources et de technologie, la Chine ne put accéder à la révolution industrielle et à une économie capitaliste, probablement en raison du niveau élevé de sa population : 430 millions d'habitants en 1840, un doublement beaucoup plus important que l'accroissement des populations d'Europe et des Etats-Unis réunis.

Ce frein à la croissance fut encore aggravé par la manière dont les Occidentaux allaient forcer les portes du pays et le placer sous une tutelle humiliante. Le premier élément en fut la guerre de l'opium entre 1830 et 1842. L'immense empire du Milieu capitula devant une modeste armée navale anglaise.

L'humiliation de la Chine

Les principaux marchands d'opium britanniques installés sur la côte chinoise, dont la société Jardine Matheson, acheminaient légalement la drogue jusqu'à la côte où des contrebandiers l'introduisaient ensuite illégalement à l'intérieur du pays. Au fil des années, sa consommation n'avait cessé de croître, envahissant toutes les couches de la société.

Le trafic ruinait également le pays puisque les importations d'opium, en drainant l'argent vers l'étranger, créaient une véritable crise fiscale à travers l'empire, compromettant le paiement des impôts.

Les « commerçants » britanniques s'appuyaient sur une bureaucratie corrompue pour parvenir à leurs fins. L'opium, le seul article dont la demande en Chine allait croissant, permettait de financer les achats de thé de Canton et les investissements en Inde. Quand l'empereur refusa les exigences britanniques, les hommes d'affaires impliqués financèrent la guerre avec les bénéfices de la drogue.

Cette victoire leur offrit l'accès à cinq ports dont Canton et Shanghai ; puis, en 1860, l'ouverture de sept ports supplémentaires. Le choc fut énorme dans cet immense pays où le système de gouvernement impérial, vieux de plusieurs millénaires et symbole d'unité, incarnait brusquement un principe de faiblesse.

Ces « traités inégaux » marquaient le début de la descente aux enfers de la Chine. En 1894-1895, la première guerre sino-japonaise la priva de la Corée et les puissances occidentales en profitèrent pour accentuer son dépeçage. Les Russes s'installèrent en Mandchourie.

Un triumvirat franco-anglo-américain contrôlait les douanes de Shanghai depuis 1854. Le sac du palais d'Eté à Pékin par des troupes françaises et britanniques, en 1860, marqua la totale subordination du gouvernement impérial aux intérêts occidentaux.

Le véritable patron de l'économie chinoise, entre 1863 et 1909, est un Britannique, Robert Hart, qui porte le titre d'inspecteur général des douanes. Les concessions accordées sont nombreuses : les marchands étrangers se voyaient garantir toute liberté de mouvement et l'immunité face à la loi chinoise ; les missionnaires étrangers bénéficiaient d'une totale liberté d'action, et de fortes indemnités de guerre avaient été imposées à Pékin. Lord Curzon, le ministre britannique, qualifiait la Chine de « grande masse inerte, impuissante et désespérée[25] ».

La première mondialisation

Sa mise sous tutelle coïncide avec le développement d'un phénomène considérable, aujourd'hui oublié, mais qu'il faut connaître pour comprendre la situation actuelle : la première mondialisation.

Entre 1870 et 1914, les grandes économies s'ouvrent dans une proportion beaucoup plus considérable qu'aujourd'hui. La mobilité des capitaux, les échanges et l'immigration revêtent une ampleur incomparable avec les phénomènes que nous vivons actuellement.

Plus de 50 millions d'Européens émigrent durant cette période aux Etats-Unis. Le commerce extérieur, en pourcentage de la production mondiale, est presque multiplié par neuf entre 1800 et 1900 et une partie concerne les colonies d'Afrique et d'Asie.

Les hommes politiques et les économistes s'enthousiasment sur les liens, sans cesse plus étroits, qui unissent les différentes régions de notre planète. Et cette première mondialisation produit des effets étrangement semblables à ceux que nous vivons aujourd'hui : le prix de la main-d'œuvre et du capital dans les pays les plus pauvres exerce une pression considérable sur les salaires et les taux d'intérêt dans les pays les plus prospères. Et il existe un autre parallèle : le sentiment largement répandu chez de nombreux responsables que cette mondialisation est irréversible.

L'Exposition universelle de 1900, organisée à Paris et dont les bâtiments s'alignent, pittoresques et surprenants, le long des rives de la Seine, offre le spectacle d'un monde pacifié et progressant vers une intégration planétaire qui profitera à tous.

Le Figaro titrait : « Quelle chance nous avons de vivre ce premier jour du XXe siècle ! » Pourtant quatorze ans plus tard le monde plongeait dans le protectionnisme et la guerre. Le conflit de 14-18 fut suivi de la révolution communiste en Russie en 1917, de la Grande Dépression des années 1930, de la Seconde Guerre mondiale et enfin de la prise de pouvoir en Chine par le parti communiste. Pourtant les quarante-cinq années de cette première mondialisation connurent un développement sans précédent grâce à un facteur pudiquement laissé de côté : la colonisation.

Les calculs de politique intérieure rejoignaient les arguments économiques et financiers. Pour Cecil Rhodes, le symbole de l'impérialisme britannique, le colonialisme était le seul moyen de procurer un espace vital supplémentaire à une Europe surpeuplée. Sans la colonisation, croyait-il, les sans-emplois détruiraient l'ordre social : « L'empire, déclara-t-il, est une question de pure survie ; si vous désirez éviter une guerre civile, il faut devenir impérialiste[26]. »

Le goût du profit empruntait plusieurs registres. Certains estimaient que les colonies existaient pour offrir des marchés sûrs aux exportations. Mais le véritable théoricien de la colonisation économique fut le Britannique Robert Torrens qui avança l'idée, en 1835, que les colonies devaient d'abord être considérées comme un endroit où investir son capital. Un argument repris par l'économiste John Stuart Mill : « Dans l'état actuel du monde, la colonisation est l'une des meilleures affaires dans laquelle engager le capital d'un pays ancien et prospère[27]. » Une opinion que partageait le Français Jules Ferry.

Joseph Schumpeter défendait un point de vue plus nuancé. Il affirmait que « l'impérialisme moderne était atavique [...]. Le capitalisme habituellement prospère en état de paix et de libre-échange, plutôt qu'en temps de guerre et de protectionnisme. Les colonies, ajoutait-il, représentaient souvent une disposition sans objet à une expansion territoriale sans frontières[28] ». Mais son point de vue était largement minoritaire en Europe.

Le Péril jaune

En 1900, le mouvement des Boxers, une société secrète paysanne, fit surface avec comme slogan « Balayons les étrangers ». Les 13 et 14 juin, ils se répandirent dans Tientsin et Pékin, tuant des chrétiens, pillant la ville. Pendant huit semaines, ils assiégèrent le quartier des légations.

Le Kaiser, en ordonnant aux troupes allemandes de libérer la zone des ambassades, envoya aux responsables militaires un ordre ainsi libellé : « Pas de quartier. Pas de prisonniers. Faites en sorte que pendant mille ans aucun Chinois n'ose regarder un Allemand de travers[29]. »

L'expédition montée par huit puissances aboutit à la prise de Pékin et à son pillage. Le pays humilié, asservi à la dictature des traités successifs qui lui avaient été imposés par l'Occident, ressemblait à un immense corps en décomposition qui attisait toutes les convoitises.

Pourtant en 1901, un an après la mise sous tutelle de la Chine par l'Occident, Edmond Théry publia un ouvrage intitulé *Le Péril jaune*. Le titre peut prêter à sourire mais le contenu était d'une étonnante lucidité cent dix ans avant la réalité à laquelle nous sommes confrontés aujourd'hui.

« La Chine d'aujourd'hui, écrivait-il, misérable et affamée, ne peut être la cliente de l'Europe que pour des machines nécessaires à son industrie naissante, mais la réciprocité des échanges manufacturiers ne pourra jamais exister entre elle et l'Europe, même quand elle sera outillée, pour cette raison péremptoire que si le développement du bien-être des Chinois et la transformation de leurs besoins actuels les poussent un jour à utiliser des produits de consommation courante dans nos pays, ils les fabriqueront aussitôt et dans de telles conditions de prix de revient que toute concurrence d'ordre extérieure sera impossible [...].

« La question de la qualité de ces produits ne se posera pas car tous les Européens qui ont habité la Chine, tous les ingénieurs qui ont employé la main-d'œuvre indigène affirment que les Chinois sont des ouvriers incomparables [...].

« Il ne restera donc pour nous défendre que la question de la distance, c'est-à-dire la question des frais de transport : mais on oublie trop, dans le monde du libre-échange, que l'emploi de l'électricité et de la vapeur l'ont presque supprimée et que, en ce qui concerne spécialement l'Extrême-Orient, le canal de Suez, les grands steamers à marche rapide et la concurrence des frets – sans parler de l'influence prochaine du Transsibérien – ont décuplé la vitesse de circulation des marchandises, assuré à leur livraison une régularité presque mathématique et réduit leurs frais de transport dans des proportions telles que leur prix de revient surtout lorsqu'il s'agit de produits manufacturiers n'en peut plus être sensiblement affecté. »

« D'une manière générale, les nouvelles conditions des communications terrestres et maritimes nivellent, dans le monde entier, le prix de vente des marchandises de fabrication et de consommation générale. C'est naturellement dans le sens du plus bas prix de revient de ces marchandises que ce nivellement se produit[30]. »

Chapitre 5

La revanche de la Chine

Les propos des dirigeants d'entreprises, aujourd'hui, ressemblent à des déclarations d'amour désespérées adressées aux pays émergents : pour les séduire aucun cadeau n'est trop beau. L'ancien président d'Alcatel, Serge Tchuruk, dont l'arrogance et les innombrables erreurs stratégiques ont conduit son groupe au bord du gouffre déclara : « Notre objectif est de développer en Chine un centre de recherche et de développement qui ne sera pas uniquement axé sur la Chine mais également sur le reste du monde. »

La liste des entreprises qui ont opéré ce type de transfert en Chine ou en Inde est impressionnante ; Texas Instrument et General Electric sont des vétérans installés à Bangalore depuis quinze ans. Tous ces groupes doivent désormais affronter un « léger problème stratégique » que leurs responsables ne semblent toujours pas avoir perçu : ces pays ne sont plus des zones de sous-traitance mais des rivaux commerciaux qui profitent de ces accès à des informations secrètes et vitales pour renforcer leurs positions.

Ceux qui refusent de se plier à cette exigence sont sévèrement pénalisés. La situation d'Alstom en Chine est tout à fait éclairante. Sur ce marché immense les ventes du groupe français atteignent péniblement 4 % de son chiffre d'affaires total. Il emploie sur place 6 000 salariés mais n'a pas remporté un seul contrat depuis deux ans. La principale raison : sa méfiance devant les conséquences des transferts de technologie, résultant de deux expériences malheureuses : un système de dépollution a été détourné par son partenaire chinois qui, malgré l'interdiction prévue d'exporter, l'a vendu en Bulgarie. De même les trains chinois à grande vitesse qui s'exportent à l'étranger, à des prix cassés, utilisent illégalement des technologies d'Alstom.

Airbus et Boeing concurrencés par la Chine

Le 26 novembre 2010 un communiqué du *Quotidien du Peuple*, l'organe du Parti communiste chinois affirmait : « Les nouvelles industries stratégiques, qui font partie intégrante du 12e plan quinquennal (2011-2015), constitueront la force motrice de la croissance économique chinoise. » Dépouillés de leur langue de bois, ces propos signifient : « Notre accès aux technologies et aux informations des firmes occidentales est désormais une des priorités du 12e plan quinquennal. » Troublante ironie. La planification marxiste intègre dans ses objectifs la mainmise sur l'innovation capitaliste.

En août 2010, Airbus avait remis aux autorités chinoises une proposition chiffrée portant sur la vente de deux cent quatre-vingt-dix A320, vingt A330, dix A350 auxquels s'ajouteraient quatre A380. Ces commandes sont vitales pour la survie d'EADS et Pékin le sait parfaitement. Le fameux 12e plan quinquennal prévoit l'importation de près de 800 appareils. Airbus détient désormais 43 % des parts du marché chinois contre 7 % quinze ans auparavant. Mais cette position instaure une dépendance accrue.

Le 4 novembre 2010, à l'occasion de la visite en France du président Hu Jintao, la Chine annonce sa décision : elle n'achètera que 102 appareils, moins du tiers de ce qui était envisagé.

L'accord est ratifié à l'Elysée, les responsables français font bonne figure et le président d'Airbus, Thomas Enders, tient des propos de circonstance : « C'est un grand honneur pour nous que la Chine continue de choisir les appareils Airbus pour poursuivre le développement de sa flotte. Et nous sommes impatients de poursuivre cette coopération au cours de nombreuses années à venir. »

La dernière phrase de Thomas Enders relève de l'espoir chimérique. La commande chinoise est, pour les dirigeants d'Airbus, une amère déception, d'autant qu'ils sont confrontés à une nouvelle réalité. La compétition mondiale ne se joue plus entre eux et Boeing. La Chine veut rapidement devenir un constructeur aéronautique qui compte à terme surclasser ses rivaux.

En arrivant à Paris, en novembre 2010, le président chinois tient des propos qui sont aisément compris et décryptés par les intéressés : « L'important c'est de dépasser dans notre coopération le simple commerce-investissement pour créer un partenariat d'égal à égal. » Et il exprime le désir qu'augmentent « les échanges intellectuels et humains entre les deux pays ».

Au moment même où le président chinois exprime en termes diplomatiques mais fermes sa volonté que les firmes françaises, et occidentales, aillent plus loin sur la voie des concessions, le salon aéronautique chinois se tient à Zhuhai dans le sud du pays.

La Chine dévoile au monde son premier appareil civil visant à briser le monopole occidental. Le C919 est un appareil de 160 à 190 places, court ou moyen courrier, destiné à concurrencer l'Airbus A320 et le Boeing 737. Cent exemplaires ont déjà été commandés par quatre compagnies aériennes chinoises, une compagnie de leasing également chinoise et une autre américaine.

L'appareil a été conçu par la Comac (Commercial Aircraft Corporation of China) et son arrivée sur le marché est prévue pour 2016. Cet organisme d'Etat a son siège à Shanghai dans le quartier des affaires.

Pour comprendre à quel point ce projet est considéré comme prioritaire et hautement stratégique pour la direction chinoise, il suffit d'examiner la liste des hommes qui le pilotent. Le principal responsable est l'ancien dirigeant du programme spatial chinois qui entretient des liens personnels étroits avec le président Hu Jintao. Tous les cadres dirigeants viennent à la fois du monde des affaires et du parti communiste, une osmose fréquente en Chine.

Conscients de leurs lacunes dans le secteur aéronautique, ils ont développé un vaste partenariat avec de nombreuses firmes occidentales. Mais les propos tenus par le président à Paris ont résonné comme un avertissement auprès des responsables d'EADS : ils ont déjà accepté des transferts de technologies et savent que l'appareil chinois reprend des composants des Airbus et des Boeing. La Chine exige désormais d'avoir accès au saint Graal : la recherche et le développement.

Une concession que les dirigeants de la firme européenne accepteront probablement pour tenter, rêve illusoire, de préserver leurs parts de marchés, alors qu'en réalité ils accéléreront la montée en puissance de la Chine et leur élimination à moyen terme. Airbus a déjà installé à Tianjin une usine d'assemblage de l'A320. Une usine touchée par un étrange *turn-over*. Tous les ans, 30 % des ingénieurs chinois démissionnent pour rejoindre les bureaux d'études et les usines de la Comac.

Deux atouts : la vitesse et les coûts

Dans cette stratégie globale, Pékin utilise deux atouts : la vitesse et les coûts. Les concurrents occidentaux sont littéralement asphyxiés par la rapidité avec laquelle les Chinois se développent sur un secteur. Les trains à grande vitesse sont déjà disponibles à prix cassés et les concurrents d'Alstom, Siemens et le Canadien Bombardier ont accepté les transferts de technologie refusés par les Français.

Acquérir une véritable suprématie dans les domaines des transports ne constitue pas seulement pour Pékin un objectif commercial. C'est également une priorité stratégique. Les autorités ont ainsi élaboré un projet à la démesure de leur territoire : construire rapidement près de 10 000 kilomètres de voies ferrées pour des trains à grande vitesse qui desserviront près de vingt pays.

Dès 2013, 800 trains à grande vitesse seront mis en service. Le rail est au cœur de toutes les préoccupations géopolitiques chinoises. Une vision quasi impériale qui réinstaure l'empire du Milieu.

Les gazoducs, les voies ferrées permettent de relier Pékin à l'Asie centrale, en suivant quasiment les trajectoires de la route de la Soie, mais aussi à la Birmanie, au Pakistan. Dans ce pays le port de Gwadar est le terminal des oléoducs reliant la zone du Golfe et la Chine. Quant aux matières premières qui peuplent le riche sous-sol birman, elles pourraient être transportées par voies ferrées.

Le projet prévoit également des liaisons avec les pays du Moyen-Orient, importants fournisseurs en énergie, et qui, selon plusieurs stratèges chinois, se détournent de l'Occident et redécouvrent la Chine, comme au temps des échanges de la route de la Soie.

Ces lignes acheminant fret et passagers visent également à relier Pékin aux pays de l'Asie du Sud-Est, qui deviendront à terme de simples provinces. Une liaison partant de Kunming, la grande métropole du Sud, reliera Singapour en 55 heures. Elle passera notamment par le Vietnam et le Laos.

Ces projets ferroviaires sont autant de pions avancés par Pékin sur la scène régionale et mondiale. Le Transsibérien, créé en 1916, apparaîtra bientôt comme un archaïsme.

Ce développement relève aussi d'une politique de « grands travaux » qui permettent d'amortir en cas de ralentissement économique les tensions sur l'emploi.

La construction de la ligne à grande vitesse Pékin-Shanghai, qui devrait être inaugurée en 2011, emploie plus de 120 000 personnes.

Le train désenclave la Chine et lui permet en même temps d'opérer un maillage serré avec de nombreux pays qui se retrouveront proches géographiquement, économiquement et politiquement de la puissance chinoise. A la fois alliés et dépendants.

Elle permet enfin à Pékin de réduire ce qui demeure sa grande angoisse : la fragilité de ses lignes d'approvisionnement pétrolier, qui s'effectuent par mer en provenance du Golfe, et pourraient être interrompues à n'importe quel moment par la marine américaine.

La volonté de puissance chinoise est confrontée à sa vulnérabilité. Pour s'en affranchir, elle sait qu'elle doit acquérir rapidement des positions dominantes qui seront irréversibles, dans les domaines technologiques et commerciaux.

L'aéronautique constituera le prochain objectif. En pratiquant la même stratégie que pour les trains à grande vitesse : vendre ses appareils à des prix sur lesquels Boeing et Airbus ne pourront s'aligner. Le marché chinois demeure souvent un mirage, la menace chinoise en revanche est devenue une réalité.

Le cas de Siemens est tout à fait éclairant. En collaborant au projet de train à grande vitesse chinois, l'entreprise allemande cherche à sauver ses parts de marché, mais certainement pas à garantir l'emploi en Allemagne. Depuis 2007, elle a détruit ou délocalisé en grande partie vers l'Asie 45 000 emplois.

Ces disparitions d'emplois coïncident presque toujours avec un renforcement de l'implantation dans les pays émergents qui dépasse parfois le nombre d'employés dans le pays d'origine.

IBM emploie plus de 40 000 salariés en Inde. La firme a investi 6 milliards de dollars entre 2006 et 2009 et embauché 14 000 personnes supplémentaires. Dès 2005, WashTech, l'union des syndicats américains du secteur de la haute technologie, s'inquiétait de cette dérive. « IBM mise implacablement sur la délocalisation pour réduire ses coûts en exportant des postes qualifiés vers l'étranger » déclarait Marcus Courtney, président de WashTech. « Les gagnants sont les sociétés les plus riches au monde et les perdants sont les travailleurs[31]. » L'annonce de délocalisations en Inde coïncidait avec l'annonce par IBM de 13 000 suppressions d'emplois en Europe.

Inde et Chine s'efforcent, dans des domaines différents, d'acquérir une suprématie mondiale qui les placera durablement en position de force.

L'Inde encourage les sociétés européennes et américaines de haute technologie à adopter en nombre croissant son modèle qui repose sur l'accroissement des délocalisations et le développement de la production en territoire indien destinée à être revendue aux consommateurs occidentaux.

La Chine, elle, s'emploie à gagner la prochaine guerre des standards qui déterminera l'usage de nouvelles générations de technologies.

Pékin impose déjà ses propres standards en matière de software pour tout ce qui concerne ses PC, ses portables et ses DVD. Il s'agit d'un enjeu énorme, financier, politique et stratégique. En plus d'une suprématie sans partage, sur le plan planétaire, le pays qui détient ces standards devient l'épicentre de la production et génère souvent des entreprises qui se révèlent des « success stories ».

Les firmes occidentales programment leur suicide

Quelques années auparavant, deux dirigeants d'une compagnie pétrolière britannique travaillaient tard à leur bureau lorsqu'ils reçurent la visite impromptue d'une jeune et jolie Chinoise, vêtue en Gucci. Sans préambule, elle leur tendit une lettre portant l'en-tête de Sinopec, le géant chinois de l'énergie. Le contenu, tout aussi laconique que la messagère, les informait en quelques lignes que la compagnie chinoise souhaitait les racheter pour un milliard de dollars. L'opération n'eut pas lieu mais la firme britannique fut vendue peu de temps après à une autre compagnie chinoise.

Pékin rachète essentiellement des entreprises dans le secteur de l'énergie et des matières premières pour sécuriser durablement ses approvisionnements. Mais autrement, en terme d'acquisitions, son statut de deuxième puissance économique se traduit peu sur la scène mondiale.

En 1914, au faîte de sa puissance, la Grande-Bretagne contrôlait 45 % de l'investissement direct étranger, qui reflétait à la fois les firmes rachetées par des Britanniques ou dans lesquelles ils avaient investi ; les Etats-Unis, eux, en 1967, atteignaient le niveau de 50 %.

La Chine, elle, en incluant Hong Kong et Macao, atteint à peine 6 %. Un montant dérisoire pour un pays dont les capacités financières lui permettraient de se livrer à une débauche d'achats. Je pense que cette modestie apparente s'explique par une autre raison fondamentale liée au contexte nouveau qui domine aujourd'hui : racheter des firmes occidentales est parfaitement inutile, puisqu'elles acceptent, sans bourse délier, de transférer en Chine leur technologie et leur recherche-développement. En agissant ainsi elles n'hypothèquent pas leur avenir mais programment leur suicide, acceptant de se laisser piller par leur hôte chinois pour le plus grand profit de ses champions nationaux.

Il n'existe pas dans toute l'histoire économique mondiale d'exemples d'une telle démarche : des chefs d'entreprises commencent par tuer l'emploi chez eux pour le transférer dans un pays dont ils apprécient les faibles niveaux de salaires et l'absence de droits sociaux. Puis, ensuite, devant les exigences croissantes du pays hôte dont le rôle se renforce sur la scène mondiale, ils vont accepter de tuer l'innovation en laissant les Chinois s'en emparer.

L'essor actuel de ce pays est le plus impressionnant qu'il ait connu en trois mille ans de sa longue histoire.

Cependant le coût humain en Chine et en Occident est considérable. Je considère que la violence réelle faite aux ouvriers chinois n'est pas plus grande que celle infligée aux travailleurs occidentaux dont les emplois ont été délocalisés. Curieusement cette absence de respect des droits de l'homme séduit toujours autant. La destination privilégiée des industriels occidentaux qui souhaitent mondialiser leur secteur de recherche-développement reste pour 61 % d'entre eux la Chine, suivie des Etats-Unis, de l'Inde et du Japon.

Maintenir un niveau de répression élevé

Le monde des affaires a toujours été attiré par les régimes totalitaires. Dictateurs et chefs d'entreprises partagent au fond la même vision du monde : autoritaire, hiérarchique, pyramidale. Il est instructif d'observer que les groupes puissants dans les pays émergents, qui sont aussi des démocraties, sont tentés à leur tour par une implantation en Chine.

C'est le cas pour l'Indien Tata qui envisage d'y installer sa production automobile. Les inconvénients rencontrés en Inde sont ceux inhérents à une démocratie : les syndicats y sont libres et parfois puissants ; General Motors rencontre le même problème en Inde alors qu'il est tout à fait satisfait de ses conditions de production en Chine.

Un clivage nouveau s'instaure, s'amplifie qui concerne uniquement cette fois les pays émergents. Après une première étape marquée par les délocalisations et le transfert des productions vers les zones à bas salaire, on constate désormais que les pays bafouant les droits de l'homme sont avantagés par rapport aux nations qui font le choix d'un fonctionnement démocratique, comme l'Inde.

Cette stratégie chinoise implique qu'elle développe une politique sécuritaire permanente, destinée à rassurer les investisseurs étrangers. Pour continuer d'avancer à marche forcée sur la voie de la croissance économique et du progrès technique, le régime de Pékin doit maintenir un niveau de répression politique et social élevé. Paradoxalement, cette répression est d'autant plus indispensable pour le régime, au fur et à mesure que croissance et puissance économique augmentent. Etouffer la voix d'un dissident est pour Pékin aussi prioritaire que de réprimer sur ses frontières lointaines les protestations de la minorité musulmane ouïgoure. Les dirigeants chinois savent très bien qu'aux yeux des investisseurs étrangers la dimension sécuritaire est aussi importante que de bonnes conditions de production.

Notre aveuglement sur la réalité chinoise est aussi grand qu'il y a quarante ans quand des intellectuels de salon, transformés en révolutionnaires de pacotille, s'extasiaient sur les excès de la Révolution culturelle.

Simon Leys, dont la dénonciation du régime maoïste irrita tant les bien-pensants, rappelait que le sinologue William Hintow, témoin des massacres commis par les communistes, dénonça vigoureusement ces atrocités en prétendant que « ceux qui les avaient ordonnées, n'étaient pas des communistes, mais des fascistes[32] ».

Nous nous trompons tout autant sur la Chine actuelle : le régime n'a que mépris pour les réalités sociales et aucun goût pour une véritable économie libérale. Pékin, depuis la prise de pouvoir en 1949 par Mao et les communistes, a toujours vu dans l'Occident un vivier d'« idiots utiles », selon la formule de Lénine. Jusqu'au milieu des années 1980, journalistes engagés et intellectuels dévoyés ont vanté les réussites illusoires du pays. Depuis, les hommes d'affaires ont pris leur place, avec la même candeur.

Les stocks d'or américains vendus à la Chine

Le pays communiste le plus peuplé de la planète offrait au capitalisme occidental ce paradis perdu dont il ne cessait de rêver depuis des décennies : une main-d'œuvre sous-payée, taillable et corvéable à merci.

Le monde des affaires occidental a vécu jusqu'ici un rêve éveillé ; il connaît désormais un réveil brutal.

Au début des années 1980, les entreprises augmentaient leurs bénéfices en délocalisant leur production dans « le plus grand atelier du monde ». Puis, à la fin des années 1990, cet « atelier » s'est transformé aux yeux des capitalistes occidentaux en l'espoir du « plus grand marché du monde ».

L'ultime recours pour des entreprises souvent affaiblies. Mais, curieusement, personne ne semblait avoir remarqué à quel point, entre-temps, la Chine avait changé : elle exige de nous beaucoup plus qu'elle n'est prête à nous octroyer.

Elle peut enfin obtenir ce que nous lui avons refusé par le passé lorsque les traités inégaux la contraignirent à des concessions humiliantes : l'accès au progrès et sa maîtrise.

Pour la première fois, la Chine détient les clés du pouvoir. Un excédent commercial, des réserves qui atteignent le montant vertigineux de 2 700 milliards de dollars.

Enfin il y a l'or, qui n'est plus le véritable ciment de la finance mondiale mais qui demeure un symbole, une valeur refuge dont les prix ne cessent de flamber au fur et à mesure que les tensions s'accroissent.

En 1914, un mémorandum rédigé par la Banque centrale d'Angleterre avait été envoyé aux dirigeants de la City. Il indiquait « qu'au cas où une guerre viendrait à éclater, les pays étrangers auraient la possibilité de provoquer de graves désordres financiers en exigeant de l'or ». Confrontés à la possibilité de voir des pans entiers de la City faire faillite, les banquiers commerciaux, pris de panique, avaient commencé à retirer l'or des comptes qu'ils possédaient à la Banque d'Angleterre. Dans les années 1920, traduisant la nouvelle suprématie des Etats-Unis, de nombreux pays européens avaient confié leurs stocks d'or à la Federal Reserve de New York[33].

Après la fin de la convertibilité des monnaies en or au début des années 1970, l'intérêt porté aux stocks d'or détenus par les banques centrales décrut. A tort, car les mouvements sur les stocks d'or détenus par les pays fournissent toujours de précieuses informations sur les rapports de force au niveau planétaire.

Les experts sont intrigués par un étrange phénomène : le refus persistant des Etats-Unis de révéler le montant exact de leurs réserves actuelles d'or. Depuis quelques années, Washington fait preuve d'un mutisme surprenant et ne transmet plus aucune donnée chiffrée.

Un silence qui s'explique probablement par le fait qu'une part importante de ces réserves d'or américain a été cédée, dans le plus grand secret, au régime communiste chinois.

Une véritable guerre éclair

L'histoire militaire est ponctuée d'erreurs de commandement qui ont abouti à la mort de dizaines de milliers d'hommes et parfois bien davantage. L'examen attentif de ces erreurs démontre qu'elles découlaient souvent d'une rare incompétence, doublée d'un total mépris pour le facteur humain. Les stratèges des délocalisations ne se comportent pas autrement. Leurs choix sont économiquement absurdes et humainement contestables.

Une analyse de l'économiste anglais Martin Wolf en montre toute l'inanité. Il souligne que le critère le plus important n'est pas le niveau des salaires mais le « coût unitaire du travail » c'est-à-dire la valeur de la main-d'œuvre nécessaire pour produire une unité de produit ou de services. Ce coût prend en compte la productivité. Ce coût unitaire peut se révéler faible quand des travailleurs expérimentés utilisent un équipement moderne, même si leurs salaires sont élevés. Ainsi, un ouvrier américain produisait une valeur ajoutée 28 fois supérieure à celle de son homologue chinois. Le constat est pratiquement identique en ce qui concerne son homologue européen.

Mieux formés que les Chinois, les Américains et les Européens géraient leurs usines, utilisaient le matériel plus efficacement et se révélaient plus productifs. Mais ce constat remonte à 2004 et, depuis, les ouvriers de la Chine communiste, désormais parfaitement formés, ont efficacement contribué avec l'aide des capitalistes à la dislocation de pans entiers de l'industrie occidentale.

Dans un monde où la demande est désormais instable, la production fragmentée, les délocalisations ajoutent encore aux aléas et aux incertitudes d'une entreprise, laquelle doit gérer plusieurs acteurs qui tiennent son destin entre leurs mains. Les entreprises continuent de sacrifier leurs salariés pour réaliser des bénéfices et s'attirer les bonnes grâces de régimes étrangers. Pour continuer d'être acceptées ou du moins tolérées sur ces marchés, elles vont de plus en plus loin sur la voie des concessions.

George W. Bush, dont les seules expériences en matière économique semblent avoir été les renflouements successifs de ses compagnies pétrolières en faillite, a pris position en faveur des délocalisations. Avec un argument qui montre à quel point les vrais enjeux lui sont étrangers ! « Ceux qui critiquent la délocalisation, a-t-il dit, ne croient pas en la capacité des Américains à rivaliser dans la compétition mondiale. »

Il évoque une Amérique qui, aujourd'hui, sur le plan de la puissance économique, est aussi dépourvue de réalité que l'Europe.

En dix ans le paysage mondial a radicalement changé et nous ne semblons pas l'avoir encore compris. Cela fait penser à la boutade de Jean Cocteau : « Je ne vois pas le temps passer. J'ai voulu faire un cadeau à un de mes neveux ; entre-temps il était devenu colonel. »

Ce bref laps de temps a été mis à profit par la Chine pour agir avec un sang-froid et une efficacité dont nous n'avons pas encore mesuré toutes les conséquences. Pendant cette période, utilisant efficacement l'arme des délocalisations, la Chine a livré et gagné une véritable Blitzkrieg (une guerre éclair), contre l'industrie occidentale. Comprimer le temps, agir avec une rapidité qui prend de court ses rivaux, lui ont permis de brûler les étapes et de réaliser en trente ans des progrès saisissants que nous avions accomplis en deux siècles.

Aux yeux de Pékin, c'est un véritable affrontement qui est livré et non plus une simple rivalité économique qui se joue. Son objectif final : surclasser rapidement l'Occident en tant que puissance économique.

Sa croissance, plus de 10 % par an, fait de Pékin le second consommateur mondial d'énergie. Le cours des prix des matières premières, fossiles mais aussi minérales et alimentaires, flambe sur les marchés mondiaux, tirés à la hausse par un seul pays : la Chine. Elle importe déjà la moitié de tout le pétrole produit par l'Arabie Saoudite, une demande qui atteindra les deux tiers en 2015 et les quatre cinquièmes en 2030.

Les « terres rares »

Dès 1974, alors que les relations diplomatiques venaient d'être renouées entre Washington et Pékin, Henry Kissinger, alors secrétaire d'Etat, avait confié au sortir d'une rencontre avec Mao Zedong dans la Cité interdite : « Les Chinois sont les plus grands adeptes de la realpolitik. » A une époque pourtant où le pays, plongé dans le sous-développement, pansait les plaies de la Révolution culturelle.

Vingt-quatre ans plus tard, au cours d'un entretien, il m'avait confié : « Quand j'étais enseignant à Harvard, je travaillais sur l'Union soviétique parce que nous considérions tous que c'était le problème et le défi majeurs. Nous nous sommes trompés et le régime s'est effondré comme un château de cartes. Essentiellement parce qu'il n'avait pas d'économie. Les Chinois l'ont compris et ont choisi, au contraire, de renforcer leur puissance industrielle et technologique, grâce d'abord aux apports étrangers. »

Les batailles économiques livrées par les Chinois sont d'autant plus facilement remportées que leurs adversaires capitulent en rase campagne, en multipliant les délocalisations, comme s'ils abandonnaient leurs armes faisant preuve d'inconséquence.

L'exemple des « terres rares » montre à quel point Pékin ne néglige aucun levier. L'empire du Milieu produit la quasi-totalité des dix-sept métaux inconnus du grand public mais indispensables dans la plupart des secteurs de pointe : informatique, électronique, téléphones portables, fibres optiques.

Sans eux pas de TGV ou de voitures hybrides. L'arrêt des livraisons compromettrait le fonctionnement des industries de pointe des pays consommateurs. C'est exactement ce qui s'est produit en septembre 2010. Un chalutier chinois est intercepté par deux gardes-côtes japonais et, immédiatement, Pékin décrète un embargo officieux à l'encontre du Japon sur ces matériaux critiques. Une mesure rapidement étendue aux Etats-Unis. L'inquiétude puis la panique perceptibles dans les deux capitales soulignent à quel point la menace est prise au sérieux.

Face à un Occident imprévoyant, la Chine a depuis longtemps anticipé chaque étape de sa stratégie.

Dès 1985, elle exporte ces matériaux à des prix défiant toute concurrence… et élimine ses rivaux occidentaux. Les mines d'Australie et de Californie sont rapidement fermées. Résultat, avec 37 % des réserves mondiales prouvées, Pékin en produit 97 %. Le cours de la tonne flambe, passant de 20 000 euros en 2009 à 75 000 euros aujourd'hui. Mais il faudrait près de dix ans pour parvenir à exploiter ces matériaux sur des territoires hors de Chine.

« En moins de deux décennies, constate Georges Pichon, responsable d'une société de négoce spécialisée dans ces matériaux, la Chine est devenue le maître du monde de ces terres rares. Elle l'a fait avec la bénédiction du reste de la planète. Et maintenant tout le monde fait mine de s'étonner du fait qu'elle ferme progressivement les vannes de ses exportations. C'était prévisible. » La phrase de Deng Xiaoping est plus que jamais d'actualité, lui qui déclarait : « Le Moyen-Orient a le pétrole, la Chine a les terres rares[34]. »

En interrompant pendant quelques semaines la livraison de ces dix-sept matériaux aux noms imprononçables et produits en quantité réduite (125 000 tonnes par an), Pékin affole les chancelleries occidentales et leur lance un signal dépourvu d'ambiguïté : un embargo sur ces produits aurait pour vos économies des conséquences aussi dommageables qu'une rupture des approvisionnements pétroliers ou gaziers.

Cette stratégie menée sur le long terme connaîtra bientôt un autre palier dans l'escalade. Les rares experts occidentaux de ces questions, qui discutent avec leurs homologues chinois de la sécurité des approvisionnements, s'entendent répondre que la Chine envisage de cesser définitivement ses exportations de terres rares en 2013-2014.

Une véritable asphyxie pour l'Europe et les Etats-Unis. Face à cette nouvelle donne, le directeur général de l'Organisation mondiale du commerce, Pascal Lamy, a tenu des propos empreints de désarroi : « Pendant les vingt dernières années, l'OMC s'est concentrée sur les restrictions à l'importation, pas tellement sur les restrictions à l'export. » Une remarque pour le moins candide.

La cupidité occidentale

L'entrée de la Chine dans les organisations internationales visait à lui conférer des atouts et une légitimité mais elle est prête à violer les règles auxquelles elle prétend souscrire. En adhérant à l'OMC, en 2001, elle sait que ce démantèlement des barrières et des frontières existant entre elle et le reste du monde va lui permettre d'exercer un pouvoir d'attraction accru sur les investisseurs étrangers. Et son entrée dans l'Organisation internationale du travail, la même année, s'accompagnera d'un non-respect de ses règlements. Les droits des travailleurs chinois travaillant dans les entreprises délocalisées sont systématiquement bafoués.

Elle sait qu'elle détient avec sa force de travail nombreuse, docile et muette un pouvoir d'attraction sans équivalent face à la cupidité occidentale. Les règles du jeu édictées par ces organisations internationales ne sont pas celles que Pékin a décidé de suivre, même si elle le simule.

Des stratégies soigneusement planifiées

En Occident, malgré quelques déclarations parfois alarmées, les responsables politiques ne mesurent pas l'ampleur et la gravité du phénomène des délocalisations, alors même que Pékin et Delhi l'intègrent dans leur stratégie de montée en puissance.

Libéraliser le commerce entre des pays dont le niveau de salaire diffère de 1 à 40 n'est pas cohérent et on le constate tous les jours. Autrefois, seuls les emplois non qualifiés étaient sacrifiés aux délocalisations. Aujourd'hui, ce sont les travailleurs hautement qualifiés qui sont touchés et leurs emplois à salaires élevés qui sont transférés.

Ils contribuent à faciliter la montée en gamme des pays émergents qui convoitent ces emplois. On sait aujourd'hui que la Chine et l'Inde ont sélectionné des milliers de filières, dont elles ont ciblé les emplois en Occident.

Des stratégies suivies depuis deux décennies par des pays qui ont mené une politique industrielle prévoyante qui explique leur essor et son corollaire, notre déclin. Ce qui a commencé avec le textile s'achève aujourd'hui avec les technologies de pointe.

Les diplômés indiens et chinois formés pour récupérer ces emplois perçoivent environ un cinquième des salaires versés en Europe et aux Etats-Unis.

A l'opposé de la France, où le problème n'est jamais évoqué, un nombre sans cesse croissant de voix critiques se font entendre aux Etats-Unis. Mais, comme chez nous, les données exactes sur l'ampleur de ces destructions d'emplois sont d'autant moins fiables qu'elles sont communiquées par les entreprises qui cachent soigneusement les chiffres réels. Une situation qui rappelle étrangement l'opacité du monde pétrolier, où j'avais découvert que les seules informations disponibles sur l'état réel des réserves mondiales provenaient des pays producteurs et des compagnies pétrolières : deux sources évidemment objectives !

Dans le cas des délocalisations outre-Atlantique, les statistiques sont d'autant plus faussées qu'elles ne sont recueillies par les autorités fédérales qu'auprès des entreprises « employant plus de cinquante salariés et qui doivent en avoir licencié au moins cinquante d'entre eux au cours de cinq semaines ».

En France, les chiffres sont également parcellaires : 600 000 emplois industriels ont été perdus en dix ans et les produits fabriqués à la suite de petites relocalisations ne sont presque toujours que des produits de niche fabriqués en faible quantité.

Des évaluations précises et pessimistes laissent entrevoir la délocalisation de 30 % des postes de travail liés aux activités informatiques.

Chapitre 6

Le réveil de l'Inde

« Si nous perdons l'Inde »

Au début du XXe siècle, la Grande-Bretagne possédait, avec ses 61 cuirassés, ses 466 torpilleurs et ses 120 croiseurs, la première flotte au monde, supérieure à celles de la France et des Etats-Unis réunies et deux fois plus importante que les flottes japonaises et italiennes. Sa force aérienne était la première au monde. Elle détenait également un empire qui couvrait le quart de la surface du globe et qui, aux yeux des dirigeants de Londres, garantissait le maintien de la suprématie britannique.

Forcer les portes de la Chine, contraindre ce pays à une dépendance humiliante envers l'Occident n'avait pas pour autant transformé ce pays en une colonie. Le cas de l'Inde était différent. L'immense sous-continent était le cœur de l'Empire, son joyau.

Lord Curzon, chantre de l'impérialisme britannique et ancien vice-roi des Indes, résumait en une formule la position des élites londoniennes : « Tant que nous dirigerons l'Inde, nous serons la plus grande puissance du monde. Si nous la perdons, nous tomberons au niveau d'une puissance de troisième ordre[35]. »

Au fond, l'existence de l'Empire était une simple dérogation à la ligne de conduite prescrite au XVIIIe siècle par lord Shelburne : « L'Angleterre, quand c'est possible, préfère commercer sans dominer mais accepte de commercer et de dominer quand c'est nécessaire[36]. »

La domination anglaise sur l'Inde dura près de deux siècles de 1757 à l'indépendance acquise en 1947. Les capitalistes britanniques considéraient cet immense territoire comme un marché où écouler leurs produits industriels. Ils s'empressèrent d'ailleurs de tuer l'industrie cotonnière indienne très ancienne et qui avait pris un grand essor au XVIIIe siècle, en même temps que s'étendait en Europe la vogue des « indiennes », peintes ou imprimées.

Il s'agissait également pour eux d'un réservoir de matières premières, destinées à l'exportation comme le jute du Bengale ou les cotons produits à proximité de Bombay et destinés à alimenter l'industrie anglaise du Lancashire. Dans de nombreuses régions, les cultures des paysans indiens n'étaient plus destinées à alimenter sa famille ou son village. Déjà, les cultures industrielles prenaient le pas sur les cultures vivrières.

La Compagnie des Indes se conduisait avec une brutalité sans borne, multipliant pillages, malversations, au point que lord Cornwallis, gouverneur général de l'Inde, écrivait dès 1789 : « Je puis affirmer sans hésitation qu'un tiers des territoires de la compagnie, dans l'Hindoustan, est maintenant une jungle habitée seulement par des bêtes sauvages[37]. »

Une lenteur désespérante

Un siècle plus tard, au moment où la première mondialisation prenait son essor, l'Inde subissait tardivement les ultimes effets de la longue crise mondiale qui avait précédé. En désenclavant l'Inde on accentuait sa pauvreté et le rythme des famines.

Dans la deuxième partie du XIXe siècle, environ 500 personnes mouraient de faim chaque année dans l'ensemble du Royaume-Uni. En Inde, les chiffres atteignaient des millions : 3 millions et demi de personnes à Madras, soit 15 % de la population ; 1 million à Mysore, soit 20 % de la population. Les remarquables progrès apportés à l'Occident par la première mondialisation semblaient encore à des années-lumière des rivages de l'Inde ou de la Chine.

Jusqu'à la fin des années 1970 ces deux pays semblaient progresser avec une lenteur désespérante. En 1978, je me trouvais dans l'Etat du Bihar, un des plus pauvres de l'Inde. Une sécheresse prolongée avait détruit les récoltes et provoqué une famine de grande ampleur. Dans les villages, je voyais les femmes gratter la terre pour récupérer les graines semées qui n'avaient pas poussé, dans l'espoir de les manger.

A Patna, la capitale de l'Etat, on avait le sentiment d'être ramené un siècle en arrière. De lourdes charrettes à bras, emplies de cadavres, vidaient leurs chargements sur de vastes bûchers. Des crémations rendues nécessaires par la crainte des épidémies étaient pratiquées, et l'odeur âcre de chair brûlée flottait sur l'ensemble de la ville, plongée dans l'obscurité.

En 1983, j'avais longuement rencontré JRD Tata, le patron du plus puissant groupe industriel indien qui portait son nom. C'était un Parsi, descendant des adeptes de Zoroastre ayant fui la Perse il y a plus d'un millier d'années.

De petite taille, portant une fine moustache, élégant, il était une sorte de Howard Hughes indien qui avait réalisé seul la première liaison postale entre l'Inde et le Népal en survolant l'Himalaya.

Il m'avait donné rendez-vous au restaurant du célèbre hôtel Taj Mahal de Bombay qui lui appartenait. Dans un français parfait, il m'avait décrit l'ampleur des entraves mises en place par une bureaucratie pléthorique et tatillonne. « Depuis l'indépendance, déclara-t-il, le gouvernement multiplie les règlements, entrave tout fonctionnement normal de l'économie. Le système mis en place l'a été par des doctrinaires socialistes. Nehru a déclaré que l'industrialisation était la clé du progrès et que travailler sur une machine-outil abolissait les différences de caste. Tout cela est très joli mais encore faut-il laisser l'industrie se développer en accordant beaucoup plus de libertés au secteur privé. » Il s'interrompait, pour adresser un sourire aux personnes qui le saluaient. « Tout ceci est dommage car l'Inde a de forts atouts dans la compétition mondiale, notamment la base industrielle que mon groupe a créée dans les années 1920[38]. »

A l'époque, l'impôt sur les sociétés était totalement punitif puisqu'il pouvait atteindre le montant phénoménal de 97,5 %. Le secteur économique privé était condamné à stagner ou à développer des circuits parallèles.

« Nous adorons le changement »

Je le sentais exaspéré par la lenteur avec laquelle le cours des choses évoluait. A sa mort, son fils prit les rênes de l'empire. Les responsables politiques, notamment l'actuel Premier ministre, Monsieur Singh, eurent l'intelligence de démanteler la plupart des règles dirigistes qui entravaient le développement. JRD Tata serait stupéfait de l'importance prise par son groupe, en si peu d'années, sur la scène mondiale.

Peu d'Occidentaux semblent avoir compris cette évidence. Après avoir été condamné si longtemps à la stagnation et à l'immobilisme, les Indiens comme les Chinois aspirent à des changements de plus en plus rapides. Comme s'il s'agissait de combler tout le temps perdu face à un Occident qui semble désormais paralysé, tétanisé.

De nombreux experts discutent doctement sur l'ampleur des chocs provoqués par cette montée en puissance de la Chine et de l'Inde, et sur ses graves conséquences concernant les populations déstabilisées par le changement. En les lisant ou en les écoutant, j'ai l'impression qu'ils parlent plutôt de l'Europe, une région qui, par sclérose et impuissance, devient, elle, inapte au changement et décline rapidement dans cette course à la puissance.

Un groupe de jeunes étudiants rencontrés à Shanghai éclata de rire quand je leur demandais si les choses n'allaient pas trop vite dans cette course au progrès technique et économique menée à toute allure par la Chine. L'un d'eux me répondit : « Nous adorons le changement. Et pour nous, il n'est pas encore assez rapide. »

La nouvelle puissance indienne

En 1982, le Premier ministre indien, Indira Gandhi, me proposa de l'accompagner à Bangalore. Un voyage à l'autre bout du pays dont elle s'acquittait, sans grand enthousiasme, pour des raisons politiques. Curieusement, cette femme, réputée pour sa dureté, s'exprimait dans un excellent français avec une voix de petite fille.

La fille de Nehru avait grandi dans des collèges suisses, mais portait sur l'Inde, qu'elle gouvernait d'une poigne de fer, un jugement empreint de fatalisme. Je lui avais demandé un jour s'il était difficile de diriger un pays de cette taille et elle avait répondu : « Non. C'est un pays facile à gouverner, mais très difficile à changer. »

En 1982, l'Inde comptait un peu plus de 810 millions d'habitants et malgré les progrès réalisés dans le secteur agricole grâce à la révolution verte, l'immense territoire semblait rester la proie des fatalités climatiques et des tensions politiques.

Dix ans plus tôt, en 1971, une guerre opposa l'Inde au Pakistan, et en 1972, la faiblesse de la mousson entraîna la sécheresse et la famine. Indira Gandhi, qui avait grandi aux côtés de son père, Nehru, était le pur produit de ce contexte et l'Inde qu'elle connaissait bien avant l'indépendance, lui paraissait devoir accomplir un effort surhumain pour réussir à s'arracher au sous-développement. Oui, à ses yeux, l'Inde était difficile à « changer ». De plus, son goût pour la politique étrangère prenait largement le pas sur les questions économiques.

Nous avions atterri en fin de matinée sur le petit aéroport de Bangalore au sud du pays, un édifice décrépi dont la façade était rongée par les pluies de mousson.

La venue du Premier ministre constituait bien sûr un événement mais la foule qui se pressait le long de la route conduisant au centre-ville, ne pouvait masquer la torpeur de cette agglomération écrasée de soleil. Le nom de la capitale de l'Etat du Karnataka signifiait dans la langue locale la « ville des haricots bouillis ». Une agglomération provinciale et assoupie destinée à le rester.

En reprenant l'avion pour New Delhi, Indira Gandhi me raconta qu'en 1980, lorsqu'elle luttait pour revenir au pouvoir, elle avait fait campagne jour et nuit dans cette région : « Je terminais les meetings électoraux vers 23 heures et ensuite mon cortège roulait toute la nuit quadrillant les moindres villages. Je dormais à l'arrière du véhicule et chaque fois que nous approchions d'une agglomération mon assistant me réveillait et je braquais une lampe sur mon visage tout au long de la traversée de la localité, pour que les habitants puissent me voir. » Elle s'exprimait sans vanité, plutôt comme un politique m'expliquant ses secrets de campagne.

Le pouvoir d'attraction de Bangalore

Elle n'aurait jamais imaginé, et moi non plus d'ailleurs, que, moins de trente ans plus tard, la ville des « haricots bouillis » se métamorphoserait en une des principales métropoles mondiales dans les secteurs de haute technologie. Elle prit son essor en devenant un des centres de sous-traitance pour les logiciels informatiques, l'aérospatiale, la fabrication de molécules pharmaceutiques. Elle était également le siège des « centres d'appels ».

En fait, elle dut son essor au véritable pouvoir d'attraction qu'elle exerçait sur les grands groupes mondiaux qui trouvaient là une main-d'œuvre hautement qualifiée et évidemment bon marché.

Un détail illustre les changements survenus. Bangalore est jumelée avec deux villes américaines qui symbolisent l'une et l'autre, dans des domaines opposés, le déclin des Etats-Unis. Il s'agit de Cleveland, la grande cité industrielle devenue aujourd'hui la ville la plus pauvre des Etats-Unis, et de San Francisco, considérée jusqu'ici comme la Mecque des secteurs de pointe. Mais la Silicon Valley devient elle aussi la victime des délocalisations, comme nous le verrons plus loin.

L'aéroport de Bangalore est un édifice moderne, doté d'une forte fréquentation et la ville reflète les deux visages de l'Inde aujourd'hui. Les routes sont toujours en mauvais état, et les infrastructures déficientes. Une population circulant en rickshaws ou venant tout droit des campagnes avec des carrioles tirées par des chevaux ou des bœufs côtoie des campus aux lignes futuristes et des gratte-ciel.

Les dirigeants des grands groupes informatiques occidentaux ont cru découvrir à Bangalore un autre miracle de la mondialisation. Les salaires et les montants de stock-options ne cessaient de grimper dans la Silicon Valley, alors même que ces exigences devenaient de moins en moins justifiées.

Cette région avait soudain cessé d'être unique. Il suffisait de traverser le Pacifique pour retrouver en Inde le même personnel hautement qualifié travaillant pour des salaires dépassant à peine 10 % de ceux versés aux Etats-Unis et en Europe.

« Vous êtes prêts à vous mentir à vous-même »

Deux arguments ont été avancés par les firmes américaines et européennes travaillant dans le secteur des technologies de l'information. Le premier prétend que ces délocalisations en Chine et en Inde résultent de l'absence de talents qualifiés en Occident. Totalement faux : le nombre de chômeurs diplômés dans les technologies de l'information ne cesse de croître en Occident. De plus, il y a sept ou huit ans, l'Inde et la Chine produisaient déjà le même nombre de diplômés qualifiés sans que les entreprises occidentales éprouvent le besoin de délocaliser.

Selon le second argument, cette haute technologie délocalisée n'affaiblit pas la suprématie des entreprises de pointe occidentales. Désormais leur avenir, selon ces prophètes, se situe dans l'industrie des nanotechnologies qui généreront des bénéfices colossaux et un grand nombre d'emplois. Quand j'en discute avec un ami indien, à Bangalore, il éclate de rire : « Mais c'est totalement stupide. S'il est un domaine où les entreprises et les chercheurs indiens font porter leur effort, c'est bien le domaine des nanotechnologies. Et nous talonnons la Chine qui se situe au deuxième rang mondial pour le nombre de publications scientifiques dans ce domaine. » Il marque un temps d'arrêt : « Vous savez, j'ai appris quelques chose en vivant et en travaillant en Occident : vous ne pouvez pas admettre que votre supériorité soit remise en cause et vous êtes prêts à vous mentir à vous-même pour masquer ces échecs[39]. »

« Des sourires de plus en plus crispés »

Vikham vivait cinq ans plus tôt à San Jose au cœur de la Silicon Valley où je l'avais rencontré. Il venait de lancer son entreprise, spécialisée dans les logiciels. Il était âgé de vingt-huit ans et diplômé de l'université de Stanford comme son épouse indienne elle aussi. Tout donnait à penser qu'ils deviendraient des acteurs influents de la Silicon Valley.

Leur société se développait rapidement, mais au cours d'un dîner chez eux ils m'avaient confié toute la nostalgie qu'ils éprouvaient à l'égard de leur pays. Et aussi leur fierté grandissante devant son décollage économique. Au terme de ce dîner, ils m'avaient lancé alors que je partais : « La prochaine fois nous nous verrons en Inde. »

Ils m'apprirent deux ans plus tard qu'ils avaient vendu leur société pour en créer une immédiatement à Bangalore qui sous-traitait la fabrication de logiciels informatiques pour des compagnies américaines. Son chiffre d'affaires avait connu une progression fulgurante, marquée par des embauches massives.

Vikham et son épouse résident dans une agréable villa et ces deux jeunes entrepreneurs incarnent les nouveaux visages de l'Inde : apaisée et conquérante.

« Quand je faisais mes études à Stanford, me confia-t-il, puis ensuite en travaillant dans la Silicon Valley, j'avais vraiment le sentiment que cette région de Californie du Nord était un lieu unique et irremplaçable. Puis j'ai commencé à en découvrir les travers. Les logements trop chers, nous avons payé une fortune pour l'appartement que vous avez connu, et des conditions de vie qui se dégradaient. L'autoroute qui conduit de San Fransisco à San Jose est chaque matin bloquée, ce qui est nouveau. La Silicon Valley est somme toute un endroit minuscule qui a largement franchi son seuil de saturation. Trop de monde travaille désormais dans trop peu d'espace, sur des projets dont je trouvais parfois qu'ils manquaient de qualité. Si je devais résumer je dirais qu'au fond, il y avait dans la Valley encore beaucoup trop d'argent prêt à s'investir sur des projets moyens ou médiocres. J'ai l'impression que Bangalore ressemble un peu aux débuts de la Silicon Valley. Peu de moyens, et une énergie hors du commun. Notre chance, sourit-il, a été qu'on nous choisisse comme zone de sous-traitance et de s'imaginer que nous accepterions de le rester. »

« Vous savez, ajoute-t-il, désormais tous les géants de l'informatique installent leurs centres de recherche ici : Cisco, Google, Microsoft, IBM, HP, Intel. »

Il me parle également de la montée en puissance des géants informatiques indiens qui concurrencent sévèrement leurs rivaux occidentaux. « Avec la sous-traitance me dit Vikham, nous avons commencé à pénétrer par effraction sur les marchés américains et européens. Un peu à la manière du personnel de nettoyage autorisé le soir à pénétrer dans les bureaux. Mais cela est presque le passé. Aujourd'hui nous montons en gamme et en puissance et les sourires de nos employeurs devenus concurrents deviennent de plus en plus crispés[40]. »

« Nous ne sommes plus à la fin du XIXe siècle »

Il y a vingt ans, les Etats-Unis affichaient une supériorité écrasante dans tous les secteurs clés de la haute technologie. Sept domaines assuraient sa suprématie. La plupart sont battus en brèche aujourd'hui. Et les mauvaises nouvelles ont tendance à s'accumuler.

Le bureau américain de statistiques révèle que les délocalisations sont une des raisons majeures dans la faible progression des emplois et de la recherche dans le secteur des technologies de l'information. Et, renversement de tendance, l'Amérique accuse désormais un déficit commercial dans le domaine des produits de haute technologie.

Les responsables politiques américains qui comptaient sur le maintien de cette suprématie pour prolonger leur leadership manifestent désormais leur inquiétude. Et brusquement ils redécouvrent, hélas uniquement pour ces secteurs, l'importance de l'emploi : dans ces domaines hautement stratégiques, il existe une étroite corrélation entre le maintien de cette supériorité et celui de l'emploi aux Etats-Unis.

L'application de ces recherches et les fabrications qui en découlent relèvent souvent de la Sécurité nationale et les délocalisations devraient être soumises à des contrôles stricts qui n'existent absolument pas aujourd'hui. Imprudence et légèreté des pays occidentaux, alors que des secteurs parfois hautement stratégiques sont transférés en Chine et en Inde.

A Bangalore, je fais part de ma perplexité à un économiste indien, ami de Vikham, qui travaille comme consultant pour plusieurs firmes occidentales. « Pourquoi, lui ai-je demandé, les industries de l'information délocalisent massivement en Inde alors que le marché intérieur dans ces secteurs reste minuscule ? »

Il me regarde, amusé : « C'est l'idée qu'il faut être présent et que dans un avenir proche ces secteurs connaîtront une croissance aussi rapide que celle du pays. Mais – il marque une pause – si vous voulez mon sentiment, il y a une faille dans ce raisonnement. Nous ne sommes pas à la fin du XIXe siècle ou au début du XXe, où l'on pouvait déverser des produits sur des marchés privés de toute concurrence. Désormais l'Inde et la Chine sont des champions nationaux à la croissance impressionnante. Vous ne pouvez imaginer l'énergie des hommes à la tête de ces groupes. Ils ont conscience qu'il faut travailler très dur pour s'installer et rester dans le peloton de tête, mais qu'ils détiennent beaucoup d'atouts. »

Nous nous sommes installés au premier étage d'un café branché de Bangalore, fréquenté par de jeunes cadres de sociétés informatiques. En ce début d'après-midi la salle est pratiquement vide. Je lui demande quels sont les objectifs que se fixe l'Inde dans sa volonté de puissance. Il me répond : « Vous savez, j'ai quarante et un ans et plus que tous ces jeunes diplômés qui s'engouffrent aujourd'hui dans ces emplois souvent valorisants, je peux mesurer le chemin parcouru. Jeune, j'ai connu l'Inde, symbole de l'immobilisme et du sous-développement, avec une bureaucratie étouffante et corrompue. Et cette réalité entretenait un état d'esprit quasi suicidaire. Une grande partie de la population, même parmi les jeunes, avait le sentiment d'être irrémédiablement inférieure aux Occidentaux. Notre frustration venait s'ajouter à l'héritage de la colonisation britannique qui avait contribué à nous complexer. Les Occidentaux, en venant récemment s'installer ici, nous ont d'abord subjugués et intimidés, puis peu à peu, sans le savoir, ils nous ont permis de prendre confiance en nous. L'éducation britannique nous imprégnait ; désormais nous faisons plutôt preuve d'une agressivité typiquement américaine. Mais, pour conclure avec votre question, je pense que nous voulons sans aucun doute devenir une grande puissance. Un Chinois vous fera la même réponse, même si son régime emprunte d'autres voies pour y parvenir. »

Délocalisation et évasion fiscale

Un géant comme l'Américain EDS possède vingt fois la taille de ses rivaux indiens, Infosys ou Wipro, mais sa capitalisation est nettement plus faible.

En France, le nombre officiel de demandeurs d'emplois dans le secteur informatique s'élève à plus de 25 000 personnes. Or l'ensemble des projections démontre que la totalité des prestations informatiques effectuées en « offshore » représentent un volume équivalent à 24 000 emplois, et un volume d'affaires de 1,2 milliard d'euros.

L'Inde concentrait en 2008 30 % de ces activités et atteint désormais les 50 %. Les deux tiers des postes d'informaticiens concernent les métiers du développement et du web. Ce sont les plus exposés. En Europe et aux Etats-Unis, en cas de relocalisation, les seuls postes créés par l'entreprise sont ceux de vendeurs.

Ron et Anil Hira ont dressé aux Etats-Unis une évaluation chiffrée : pour dix programmeurs licenciés, on compte un nouveau poste de vendeur[41]. Bref, un secteur longtemps considéré comme sûr et rentable n'offre plus, comme perspective d'avenir, qu'une stagnation des revenus ou une véritable hémorragie de l'emploi.

Capgemini, Altos, Séria, Sopra, les principales SSII françaises emploient déjà plus de 35 000 personnes en Inde.

La face sombre des délocalisations ne concerne pas seulement l'emploi. Elle fournit aux entreprises un levier des plus efficaces pour l'évasion, voire la fraude fiscale. Munci, l'association professionnelle des informaticiens, qui lutte contre ces dérives, écrit : « Réaliser ses revenus avec des clients français sur des prestations réalisées (tout ou en partie) dans un pays à bas coûts, mais ne pas payer forcement d'impôts sur ces bénéfices dans l'Hexagone, est une pratique légale et très étendue. » Et d'ajouter : « Exemple : Capgemini paiera ses impôts en Inde si sa filiale indienne a réalisé une partie de la prestation sur place pour le compte de clients occidentaux. Même problème avec le "prix de transfert", ces prix auxquels s'effectuent les échanges intra-entreprises entre les maisons mères et leurs filiales dans des pays à bas coûts : une manière de frauder le fisc d'autant plus aisée pour nos sociétés des technologies de l'information (SSII, éditeurs et sociétés de conseil) qu'elles s'échangent des biens incorporels (logiciels, prestations informatiques). Elles se servent ainsi des prix de transfert pour localiser leurs profits dans les pays à faible fiscalité et, *a contrario*, déclarent leurs pertes dans les Etats à fort taux d'imposition sur les sociétés, comme la France[42]. »

On comprend mieux pourquoi les dirigeants d'entreprises américains et européens considèrent comme un désavantage de ne pas être en Inde ou en Chine.

Les services d'aide sociale transférés en Inde

Aux Etats-Unis ce ne sont plus seulement les entreprises qui délocalisent mais aussi le gouvernement fédéral et les Etats !

Les administrations procèdent en effet à des coupes sombres et transfèrent en Inde et en Chine des services entiers. L'argent du contribuable est donc utilisé pour créer des emplois à l'étranger, malgré le grand nombre de chômeurs.

Une démarche parfois fondée pour une entreprise multinationale qui souhaite réaliser des économies d'échelle mais qui n'a aucun sens pour des administrations publiques.

Washington a ainsi transféré en Inde plusieurs services importants, notamment ceux concernant la protection sociale et les bons d'alimentation destinés aux plus défavorisés. L'Etat du New Jersey, en face de New York, a ouvert des centres d'appel, basés également en Inde, et destinés à fournir des renseignements en matière d'aide sociale.

Lou Dobbs, longtemps journaliste vedette à CNN, spécialiste des questions économiques et financières, a fait de la lutte contre les délocalisations son cheval de bataille. Il évoque cette situation, surréaliste et choquante, « où un travailleur de l'Indiana qui vient de perdre son emploi composera un numéro officiel et à l'autre bout du fil un Indien lui expliquera le détail des démarches a effectuer et les droits dont il peut bénéficier ». Dobbs s'indigne de « l'aveuglement et de la passivité des politiques » face à la poursuite des destructions d'emplois américains par des firmes mues par leurs propres intérêts[43] ». Un constat sévère applicable mot pour mot à la France.

La principale caractéristique de la délocalisation, pour les acteurs qui la pratiquent, est avant tout la recherche de la meilleure opportunité. Un Etat qui délocalise en Inde ses services sociaux est une absurdité choquante ; des secteurs comme la banque ou l'assurance qui, eux, délocalisent en jouant sur les différences de fuseaux horaires cela relève cette fois de l'opportunité.

En 2004, 8 % des transactions bancaires étaient gérées depuis l'Inde. Le pourcentage atteint aujourd'hui 30 %.

Selon une étude du FMI, la délocalisation des services des entreprises américaines avait déjà progressé de 6,3 % par an entre 1992 et 2000. Une tendance selon le rapport qui avait dopé la productivité américaine. La productivité, mais pas l'emploi, ou plutôt la productivité au détriment de l'emploi.

Dès 2003, la banque HSBC avait décidé de transférer 4 000 emplois de ses activités européennes. Les banques de Wall Street, JP Morgan et Goldman Sachs, qui réalisent des profits record malgré la crise de 2008 qu'elles ont provoquée, continuent de délocaliser en Inde une partie de leurs activités où elles recrutent des analystes indiens pour leurs secteurs les plus pointus.

Aux Etats-Unis, en 2007, les services financiers employaient 5,5 % de la totalité de la population active du pays. Plus d'un salarié sur vingt travaillait dans la banque, l'assurance, la gestion des pensions, les entreprises de prêts hypothécaires, les sociétés d'investissement immobilier et l'industrie boursière.

Une réalité aujourd'hui disloquée par les délocalisations successives.

Dès 2003, le magazine *American Business*, soulignait Ron Hira, pouvait titrer : « La mondialisation expédie les emplois à l'étranger. Ceci inclut le design des puces, la recherche de base et même l'analyse financière. L'Amérique peut-elle perdre ses emplois et continuer de prospérer[44] ? »

Des fonds publics pour délocaliser

Alors qu'il circulait à travers les grands Etats industriels du nord des Etats-Unis, devenus des zones à l'abandon, Muhammad Yunus, l'inventeur du microcrédit fit une remarque judicieuse. En observant les aciéries, fonderies, usines automobiles désormais à l'abandon, l'économiste originaire du Bangladesh soulignait que cette industrie lourde avait formé des générations de travailleurs incapables, en cas de crise, de s'adapter à de nouvelles tâches. « C'est probablement, avait-il ajouté, la grande différence avec de nombreux pays du tiers-monde où les gens sont beaucoup plus aptes à saisir les diverses opportunités. »

Il ramenait au fond la période industrielle qui avait assuré la prospérité du monde occidental à une forme de monoculture qui condamnait ces zones hérissées de hauts-fourneaux et de combinats à finir en friche aussi inéluctablement que des terres agricoles frappées d'épuisement.

Quand vous parcourez Cleveland, la capitale de l'Ohio, vous comprenez rapidement qu'elle justifie son classement de ville la plus pauvre des Etats-Unis. Le chômage et la misère ressemblent à des plaies béantes exposées aux regards.

Cependant les responsables de l'Etat ont délocalisé en Inde un certain nombre de leurs services sociaux, qu'il s'agisse de l'aide aux chômeurs ou de la distribution des bons d'alimentation. Des services de proximité qui justifient évidemment un tel transfert à l'autre bout de la planète.

Confronté à l'indignation croissante de ses administrés, le gouverneur de l'Etat a décidé en août 2010 d'interdire tout usage de fonds publics pour des activités de délocalisation.

« L'argent des contribuables sert à créer des emplois à l'étranger », titra un journal local. Une attitude qui reflète surtout l'absence de raisonnement et le réflexe quasi pavlovien de tout l'éventail des responsables face aux avantages « supposés » des délocalisations.

Infosys, le géant indien des services informatiques, qui a bâti sa croissance et sa prospérité sur la sous-traitance avec l'Occident, s'inquiète de cette décision. D'autant qu'elle semble refléter une exaspération croissante. Aux Etats-Unis, dans plusieurs Etats, les responsables font face à une véritable fronde de leurs administrés.

En Virginie, l'opposition aux délocalisations s'exprime avec force et menace les projets des firmes de haute technologie indienne.

Wipo, le rival indien d'Infosys, avait signé un contrat de neuf ans avec l'Etat du Missouri, portant sur 407 millions de dollars pour s'occuper des services d'assurance santé de l'Etat.

Délocaliser pour ne pas payer d'impôts

Alors que l'Europe reste inerte, les Etats-Unis semblent soudain prendre conscience de la gravité des conséquences des délocalisations. On découvre que le poids financier des industries délocalisées en Inde atteint le chiffre de 50 milliards de dollars par an et que 60 % d'entre elles proviennent des Etats-Unis et équivalent à 1 320 000 emplois perdus sur le territoire américain.

L'Europe avec 30 % arrive en deuxième place. Les secteurs d'activités privilégiés sur le territoire indien sont les services financiers (41 %), les télécoms et la haute technologie (20 %), la production manufacturière (17 %) et la grande distribution (8 %). En 2009, 2,2 millions d'Indiens travaillaient dans les domaines d'activité liés à l'exportation.

La montée du mécontentement incita l'administration Obama à se plonger dans ce dossier. Mais curieusement elle fit l'impasse sur la Chine (probablement parce qu'il fallait ménager ce partenaire devenu aussi susceptible qu'incontournable) pour se concentrer sur l'Inde.

Les collaborateurs du président américain découvrirent que le système d'impôt fédéral permettait à une société américaine, qui investissait à Bangalore où elle créait des emplois, de payer moins d'impôts que si elle s'implantait sur le territoire américain. En vérité, la plupart des firmes profitaient de ces délocalisations pour ne pas payer d'impôt du tout aux Etats-Unis, tout comme les sociétés européennes dans leur pays d'origine.

Obama annonça qu'il allait demander une modification des dispositions fiscales pour que les entreprises qui délocalisent soient assujetties à un impôt plus élevé. Les puissants groupes de lobbying au sein du Congrès s'employèrent à tuer dans l'œuf cette disposition. Ils étaient mandatés notamment par les sociétés informatiques qui craignaient de voir leurs précieux bénéfices « écornés ».

Le véritable tir de barrage déclenché contre ce projet soulignait que cette mesure pénaliserait les entreprises américaines face à leurs concurrents européens et japonais, et que ces délocalisations relevaient d'un impératif alors qu'il n'existait plus assez d'emplois qualifiés aux Etats-Unis.

Des arguments irrecevables. Les emplois dans le secteur de la haute technologie sont payés en Inde 1,6 % d'un salaire américain ou européen, et assurent aux entreprises, après impôt, une marge bénéficiaire encore confortable. De plus, aux Etats-Unis, comme en Europe, un grand nombre de diplômés en informatique demeurent toujours sans emploi.

Une reddition sans condition

Un troisième argument avancé, lui, était plus pernicieux : cette pression fiscale pourrait accélérer le rythme des délocalisations. Une menace là encore infondée. Les entreprises décidées à délocaliser – elles étaient de plus en plus nombreuses – avaient pris leurs dispositions pour rester gagnantes. Les contacts noués avec les gouvernements des pays d'accueil, notamment l'Inde, révélaient que ces derniers se montraient prêts à offrir des subventions qui compenseraient les prélèvements d'impôts.

En fait, il fallut peu de temps aux groupes de pression pour obtenir la reddition sans condition du président américain. Le sénateur Obama, comme Sarkozy, avait affiché son refus des délocalisations ; le président Obama, lui, avait timidement envisagé d'imposer davantage les firmes qui auraient cette tentation.

Désormais tout rentrait dans l'ordre, et l'Obama nouveau, juste après sa défaite aux élections de mi-mandat, en novembre 2010, s'envola pour l'Inde où il tint, à la surprise générale, le même langage que les apôtres de la délocalisation. « Il existe une caricature de l'Inde présentée comme une terre où les centres d'appels et les *back offices* indiens coûtent des emplois américains. Mais c'est un vieux stéréotype qui ignore la réalité d'aujourd'hui selon laquelle il s'agit d'un commerce à deux sens entre les Etats-Unis et l'Inde, qui aide à créer des emplois et à augmenter les niveaux de vie dans les deux pays. »

Du côté américain, cette visite en Inde se déroula dans le registre de la démesure. Quarante appareils, outre Air Force One, transportèrent les 3 000 personnes qui accompagnaient le président et le coût, pour la logistique et la sécurité, se chiffrait à 200 millions de dollars par jour.

Obama annonça la conclusion d'accords commerciaux portant sur plus de 10 milliards de dollars ainsi qu'un assouplissement des conditions d'exportation pour les « technologies sensibles » pouvant avoir des applications militaires. Il cédait ainsi à une demande formulée avec insistance par les responsables indiens.

La Maison-Blanche était cependant consciente de l'impact négatif que ces contrats et transferts de technologie pouvaient avoir sur l'opinion américaine. Les électeurs d'Obama n'avaient-ils pas voté pour un homme dont ils pensaient qu'il aurait une attitude nouvelle en politique.

L'approbation implicite des délocalisations en Inde écornait cette image. Alors la Maison-Blanche eut recours à un chiffre magique. Ces accords signés avec l'Inde, fut-il annoncé par un conseiller, permettraient la création de 54 000 emplois sur le sol américain. Un chiffre dont absolument personne ne pouvait démontrer le bien-fondé et la réalité.

Il reprenait l'argument des chantres officiels de la délocalisation qui ne cessent de prétendre qu'elles feront naître à terme de nouveaux emplois sur le territoire national, mais se révèlent incapables de dire quand et dans quels secteurs.

IBM sauvé par l'Inde et la Chine

La Chine et l'Inde ont sauvé l'ancien géant IBM et cet épisode constitue une saisissante illustration du nouveau rapport de forces qui s'est instauré au niveau planétaire. Les mutations d'IBM illustrent les changements de stratégies opérés par des entreprises qui, après s'être longtemps retrouvées en position dominante, ont dû effectuer des choix drastiques pour continuer d'exister.

Au début de la Seconde Guerre mondiale, IBM et son fondateur, Thomas Watson, gagnaient déjà beaucoup d'argent en vendant des calculatrices. Watson témoigna de son intuition en finançant, en 1942, pour un million de dollars, un ordinateur destiné à la marine et conçu par un assistant en mathématiques de l'université de Harvard. Le Mark 1 bénéficia d'une publicité énorme lorsque la guerre s'acheva et que tombèrent les consignes de sécurité.

Il eut pour première conséquence capitale de placer IBM au tout premier rang des producteurs d'ordinateurs, un marché encore peu prometteur. Mais Watson eut la chance d'avoir pour conseiller un génie : Norbert Wiener. L'homme était un visionnaire qui avait inventé la cybernétique où il évoquait le rôle essentiel des « cerveaux électroniques » : dans la vie financière et industrielle, pour diriger au sein d'une usine des chaînes d'assemblage ou contrôler une raffinerie[45].

Nous étions en 1948 mais Wiener déclara à Watson : « Nous avons une belle somme d'expérience sur la manière dont les industriels considèrent tout nouveau potentiel industriel. Mais toutes nos analyses font grand cas du *know how,* y compris même depuis que nous avons eu la malchance de découvrir la bombe atomique. Pourtant, il existe une notion encore plus importante que le *know how,* c'est le *know what,* par lequel nous pourrons non seulement déterminer comment atteindre nos buts, mais ce que seront ces buts. »

Si le monde s'engagea sur la voie, encore escarpée, de la future révolution informatique, ce fut avant tout grâce aux ordinateurs qu'IBM conçut et commercialisa. Avec le recul du temps, la lenteur et le design des premiers modèles prêtent à sourire. Mais on semble avoir oublié à quel point IBM fut un géant qui régna pendant un temps sans partage et incarna la suprématie américaine.

Dans son domaine d'activités, cette firme était la seule à pouvoir mobiliser un personnel scientifique et financier sans égal. Elle possédait les produits, les brevets, les chercheurs, les fonds, les idées et elle pouvait, si elle le désirait, prendre un avantage décisif sur ses concurrents dans n'importe quel champ d'activité, y compris celui des ordinateurs. Puis, comme toute activité humaine, IBM connut le déclin à partir des années 1980. En décembre 2004, le groupe prit une décision hautement symbolique, en décidant de vendre sa division PC au groupe informatique chinois Lenovo.

Depuis plusieurs années, la plus grande partie de ces ordinateurs était déjà produite en Chine. IBM prétendait que les gains dégagés sur la vente de PC étaient dérisoires. Un argument contredit par la stratégie de son concurrent Dell Computer qui affirme continuer de fabriquer ses ordinateurs sur le sol américain. En vérité, seul l'assemblage final se déroule dans ses usines aux Etats-Unis.

En abandonnant tout le symbole qui avait fait sa fortune et sa notoriété, IBM annonça qu'il allait se spécialiser dans les activités de recherche et de développement et fournir des innovations aux autres entreprises : un secteur considéré comme plus rentable.

En 2010, à la lumière du cas IBM, deux informations permettent de mieux décrypter la nouvelle réalité mondiale. IBM perdait de l'argent depuis 2001 sur ses ventes de PC. La société chinoise qui l'a racheté en a fait à nouveau une activité bénéficiaire et possède aujourd'hui plus de 10 % du marché mondial. En s'orientant vers la recherche et le développement, IBM a décidé de renforcer en priorité ses effectifs indiens en les augmentant de 6 000 ingénieurs hautement qualifiés en moins de quatre ans.

Dans un pays où les budgets de recherche et de développement des entreprises nationales ont augmenté en 2010 de 41 %.

Pour se sauver puis se relancer IBM s'était tourné vers les deux principales puissances émergentes.

Sa puissance économique en train de s'édifier, l'Inde la doit à un véritable univers d'entrepreneurs. Chez nous, les hommes à la tête de bon nombre d'entreprises forment seulement un monde de « bradeurs », des syndics de faillite désireux avant tout de préserver au mieux leurs avantages financiers.

La division PC, vendue en 2004 par IBM à une entreprise chinoise, avait assuré la fortune de deux autres compagnies. En effet, en décidant en 1980 de confier les microprocesseurs de ses PC à Intel et le système d'opération à Microsoft, IBM avait assuré la suprématie planétaire de ces deux firmes. C'était déjà une forme de délocalisation. Maintenant qu'il s'agit d'une procédure extrêmement répandue, on peut imaginer, sans grand risque de se tromper, que les géants de demain, les sociétés les plus innovantes, apparaîtront probablement sur les marchés émergents, qui sont aussi les plus dynamiques.

Tata Consulting, Wipro, Infosys, pour ne citer que ces géants indiens, progressent en Europe et aux Etats-Unis. Ils sont en général beaucoup plus performants que leurs rivaux sur leur propre marché. L'espérance de bénéfices et de croissance des firmes occidentales va se réduire dramatiquement. Et leur espérance de vie tout autant.

Chapitre 7

Mort de l'emploi et de la classe moyenne

Un écart de 1 à 1000

La terre n'est pas devenue « plate[46] » sous l'effet de la mondialisation, comme l'écrit Thomas Friedman avec un mélange de candeur et d'aveuglement. Au contraire, notre monde est devenu terriblement escarpé et, pour beaucoup, le chemin à gravir dépasse leurs forces et leurs moyens.

Au début des années 1910, le banquier JP Morgan estimait que le système capitaliste ne pouvait fonctionner que si l'écart de revenus entre les dirigeants et le monde du travail ne dépassait pas 1 à 30, voire 40 maximum. Il est désormais de 1 à 1000.

La délocalisation, une arme mortelle

Le sujet est si délicat que dans de nombreux pays la voix des médias tarde à se faire entendre. Les organes de presse sont souvent frileux.

L'ancien sous-secrétaire d'Etat au Trésor de Reagan, Paul Craig Roberts, en est l'illustration. Ce conservateur indépendant mais modéré a fait de la lutte contre les délocalisations son cheval de bataille. « J'ai été, déclare-t-il, éditeur associé et éditorialiste du *Wall Street Journal* et j'ai occupé la même fonction à *Business Week* pendant quinze ans. Je collaborais régulièrement avec le *New York Times* et le *Los Angeles Times*. Maintenant, en 2010, je ne peux ni publier ni apparaître dans la presse influente. J'ai été littéralement banni depuis six ans. Ma dernière publication remonte à janvier 2004 où j'ai publié dans le *New York Times*, en compagnie du sénateur de New York, Charles Schumer, un article sur les délocalisations. L'industrie des médias ne sert pas la vérité mais le gouvernement et les groupes de pouvoir qui l'entourent[47]. »

En 2008, il confiait : « Noam Chomsky écrivait récemment que les Etats-Unis pensent qu'ils possèdent le monde. C'est définitivement la vue des néoconservateurs de l'administration Bush. Mais le fait essentiel est que les Etats-Unis dépendent du monde. La superpuissance américaine ne peut même pas financer ses propres opérations domestiques, et encore moins ses guerres gratuites sans la gentillesse des étrangers qui lui prêtent de l'argent qui ne pourra même pas être remboursé. »

« Les Etats-Unis ne rembourseront jamais ces emprunts. L'économie américaine a été dévastée par les délocalisations, la compétition avec l'étranger, et les importations de travailleurs étrangers pourvus de visas de travail, pendant que tout ceci découle d'une idéologie du libre-échange qui bénéficie aux "gros chats" à la tête des entreprises et aux actionnaires, aux dépens du travail américain[48]. »

Les propos de Roberts qui qualifient les délocalisations d'« arme mortelle pour l'avenir des Etats-Unis » ressemblent à une oraison funèbre du système américain dont il fut un des plus fervents défenseurs.

Le Council of Foreign Relations qui réunit les quatre cents personnalités les plus influentes du monde des affaires et de la politique américaine a lancé un cri d'alarme à l'encontre d'une « Asie possédant plus de la moitié de la population mondiale, peut-être 40 % de l'économie planétaire et plus de la moitié de l'industrie des technologies de l'information, et des capacités militaires de haute technologie, de niveau international ».

Etrangement, dans une Europe divisée, inquiète, menacée d'un déclin sans précédent dans toute son histoire récente, aucune voix ne se fait entendre pour dénoncer cette montée des périls et formuler les moyens d'y remédier. Alors même que les délocalisations ont détruit des régions, des pans entiers de l'emploi dans l'industrie, les services : une évolution qui ne cesse de faire tache d'huile.

« Jouer à l'autruche, affirme Joseph Stiglitz, en enfouissant la tête dans le sable et prétendre que tout le monde bénéficiera de la mondialisation est folie. Le problème avec la mondialisation aujourd'hui vient précisément du fait que peu en bénéficieront, en Occident, alors que la majorité en souffrira. » Le prix Nobel d'économie souligne, par ailleurs, qu'au cours des dix dernières années qui se sont écoulées depuis l'accord de libre-échange nord-américain (Alena) signé avec le Canada et le Mexique, la moyenne réelle des salaires a baissé aux Etats-Unis.

Face à une croissance amoindrie, les baisses de salaires et les suppressions des augmentations ne cessent de se généraliser tout comme les profits record distribués aux actionnaires. En septembre 2010, on notait 700 000 chômeurs supplémentaires en France, et en décembre de la même année, on pouvait estimer à près de six millions le nombre réel de personnes sans emploi.

Aux Etats-Unis, malgré des chiffres officiels qui indiqueraient une timide sortie de crise, 82 % des Américains répondant à un sondage Gallup considéraient que les Etats-Unis étaient toujours en récession. Ils infirmaient la formule lancée par Ronald Reagan en 1980, juste avant son élection : « Une récession c'est quand votre cousin a perdu son travail ; une dépression, c'est quand vous perdez le vôtre. »

Des millions d'Américains sont au chômage et un nombre croissant redoute de les rejoindre. Pour eux le terme de récession rime avec le déclin de leur pays.

En France, nous pensons avec raison qu'avec la crise de plus en plus marquée, l'ascenseur social est désormais définitivement bloqué ; les Américains, eux, doutent de l'avenir du rêve américain. En « exportant » l'Europe et les Etats-Unis à travers les délocalisations, les dirigeants d'entreprises et les responsables politiques ont implicitement trahi la confiance de leurs employés et de leurs administrés et piétiné le contrat social qui cimente un pays.

L'Etat soutient les délocalisations

Les responsables politiques ont tous été pris à contrepied par les projections sur des pertes d'emplois massives dans les secteurs de la haute technologie. Comble de l'ironie, les ministères concernés manquent d'informations sur ces transferts à l'étranger et les entreprises qui délocalisent sont les premières à leur cacher la nature et l'ampleur des emplois transférés. Ces firmes donnent même l'ordre à leurs filiales de garder le silence et de ne communiquer aucune information.

Encore une fois, le gouvernement français témoignait d'un laxisme coupable. Il n'avait créé aucune structure qui aurait permis de collecter efficacement des informations et d'évaluer l'ampleur du drame en train de se produire.

L'Etat français, disons-le clairement, agit ainsi parce qu'il soutient totalement les entreprises qui délocalisent. Malgré les discours officiels qui prétendent le contraire. Les pays émergents dictent leurs règles aux chefs d'entreprises occidentaux qui les imposent à leur tour aux dirigeants politiques de leur pays.

Les traités inégaux signés en 1842 avaient obligé la Chine à accepter le diktat commercial imposé par l'Occident, et également à se ruiner.

C'est exactement le traitement que, cent soixante ans plus tard, elle inflige à son tour à l'Occident. Une revanche qu'elle doit savourer en contemplant ces Etats européens, endettés et se vidant de leur capital humain, dont les dirigeants politiques continuent d'octroyer des aides scandaleuses à des entreprises tout en sachant qu'elles s'empresseront de délocaliser.

Le monde est désormais scindé en deux : alors que certains pays comme la Chine affichent un excès d'épargne, en France l'épargne, elle, est absorbée par les déficits publics. La mondialisation a été pour les pays riches une véritable spirale qui les a tirés vers le bas, en provoquant et accélérant la désindustrialisation, la migration du capital, les délocalisations et le ralentissement de la productivité.

Une tendance qui ne cesse de s'aggraver : en abaissant les salaires et en accentuant les délocalisations, les entreprises affaiblissent encore la demande intérieure. Elles se sont livrées au calcul le plus absurde qui soit en misant sur les consommateurs, au détriment des salariés. Fascinées par ces nouveaux eldorados que semblaient être les pays émergents, elles n'avaient pas compris qu'en se débarrassant de leurs salariés, elles perdraient également leurs consommateurs.

Subventions et suppressions d'impôts : suppressions d'emplois

Les firmes françaises fuient à l'étranger en exigeant des subventions, leurs homologues américaines en réclamant des suppressions d'impôts. Le poids des lobbys industriels, leur influence au sein du Congrès, ont permis aux entreprises qui délocalisaient d'être exonérées de tout impôt sur les bénéfices qu'elles réalisaient à l'étranger.

En 2009, on estimait à plus de 1 200 milliards de dollars, les profits supplémentaires ainsi réalisés. Malheureusement, le dispositif conçu était incomplet et toute firme qui aurait décidé à terme de rapatrier ces bénéfices restait soumise à l'impôt sur les sociétés qui est de 35 %. De nouvelles pressions furent alors exercées avec succès sur le Congrès et permirent d'abaisser le niveau d'imposition à 5,25 %.

Pour parvenir à leurs fins, ces sociétés et les firmes de lobbying qui travaillaient pour elles utilisèrent un argument d'un cynisme incroyable.

Elles avaient détruit des dizaines de milliers d'emplois, contribué au déclin de régions entières et à l'affaiblissement de la puissance américaine. Et pourtant, elles justifiaient cette réduction, substantielle, d'impôts, par les dizaines de milliards de dollars ainsi économisées qu'elles pourraient investir dans la création de nouveaux postes de travail sur le territoire américain.

La banque JP Morgan qui, en 2008, allait se révéler un des grands prédateurs de Wall Street, est aussi un des grands délocalisateurs. Pourtant, elle évalue à 400 000 le nombre de postes nouveaux, disponibles sur le territoire américain.

Chercher leur trace à travers les Etats-Unis, revient à vouloir traquer un spécimen de rhinocéros à trois cornes. Ils n'existent pas davantage, et pourtant la création de ces postes invisibles demeure un des thèmes récurrents des pro-délocalisations.

Trois études justifient cette stratégie. La plus connue émane de la firme de consulting et management, McKinsey. L'étude, publiée en 2003, a un double objectif : convaincre les clients potentiels de délocaliser en utilisant pour ces opérations les services éclairés de McKinsey, un intervenant absolument impartial : il conseille l'association indienne de l'industrie des services de software et de nombreuses firmes de haute technologie indiennes.

Elle définit la délocalisation comme un processus « gagnant-gagnant », où la plupart des salariés américains qui perdent leurs emplois en retrouvent un nouveau rapidement à un niveau de salaire équivalent[49].

Les recoupements auxquels je me suis livré en France et aux Etats-Unis montrent clairement que le nombre d'emplois supprimés par une firme sur le territoire national est nettement supérieur à ceux créés par la même firme à l'étranger. L'argument de la concurrence est avant tout un prétexte pour dégraisser.

Elaine Chao, la ministre du Travail de George W. Bush, que l'on interrogeait sur le faible niveau des créations d'emplois, reflétait la priorité du monde des affaires en répondant : « Après tout, la Bourse est l'arbitre final. » Les boursiers, tout comme les actionnaires, adorent les annonces de suppressions d'emplois et de délocalisations. Comme si, pour eux, en se séparant de ses travailleurs, une entreprise se déleste, gagne en puissance et en efficacité.

C'est étrange : notre système économique semble détester ceux qui ont un emploi et plus encore ceux qui l'ont perdu.

En vérité, l'affrontement est inégal : face à la lâcheté et au silence des responsables politiques, au véritable matraquage opéré par les relais du secteur des affaires, la voix des perdants, dépourvus de ressources et d'emplois, peine à se faire entendre.

Pourtant les arguments avancés par ceux qui refusent de voir qu'ils créent l'inéluctable sont réellement indigents.

Les délocalisations, selon eux, constituent un phénomène économique naturel, une composante essentielle du développement des sociétés. Les économies ainsi réalisées favorisent une meilleure efficacité économique du pays qui transfère ses usines, et permet ainsi aux salariés qui ont perdu leur emploi d'acquérir un niveau de qualification pour des emplois nouveaux.

De nouveaux emplois vont éclore ? Parfait. Seul constat tangible : les rares emplois nouveaux qui ont été créés n'ont jamais, ou presque, découlé des délocalisations.

Un seul enjeu : « Garder leur emploi ou en retrouver un »

Un autre argument invoqué est tout aussi spécieux : les produits fabriqués grâce à une main-d'œuvre bon marché seront moins chers pour les consommateurs occidentaux. Dans la chaîne des bénéficiaires, il est facile de démontrer que les gains réalisés bénéficient avant tout aux dirigeants de ces firmes, et à leurs actionnaires, puis enfin, au bout de la chaîne, seulement aux consommateurs. Le système des gains et des coûts mis en place est suffisamment opaque pour cacher cette réalité à l'opinion.

A l'heure actuelle, c'est aux Etats-Unis que le rythme des délocalisations est le plus rapide, parce que le coût social de ces destructions d'emplois y est moindre.

La survie professionnelle d'un travailleur américain, plus encore qu'en Europe, dépend de la seule volonté de son employeur. Mais même les « évangélistes » les plus fervents des délocalisations finissent par embarrasser ceux pour qui ils prêchent. C'est le cas de Thomas Donohue – un des lobbystes les plus influents à Washington dans le dispositif mis en place par le monde des affaires américain pour peser sur le Congrès et l'exécutif.

Donohue, président de la Chambre américaine de commerce, est une voix qui porte. Il défend le bien-fondé des délocalisations en expliquant qu'à terme c'est le plus sûr moyen de renforcer l'emploi aux Etats-Unis. Des propos immédiatement démentis par le résultat d'un sondage effectué auprès de 275 dirigeants d'entreprise. A plus de 61 %, ils réfutaient l'argumentation de Donohue, estimant au contraire que les délocalisations aboutissaient à une réduction nette d'emplois aux Etats-Unis.

A l'heure actuelle, le chômage outre-Atlantique flirte avec les 10 %, un chiffre à l'européenne auquel les mécanismes de l'économie américaine ne sont pas adaptés.

La qualité des emplois créés ne cesse de baisser. Dès la fin 2003-début 2004, les travaux à bas salaires atteignaient 50 % du montant total, et 14 % d'entre eux n'étaient que des emplois temporaires. Une tendance dramatique qui n'a fait que s'accélérer depuis la crise de 2008.

On évalue à 9,6 % le nombre des chômeurs, mais il faut rajouter à ce chiffre déjà élevé 17,6 % d'Américains qui vivent dans le sous-emploi. Soit au total 27,4 millions de personnes privées d'emplois ou disposant seulement d'une activité à temps partiel.

Les « bons emplois » payés plus de 3 000 dollars par mois ont représenté 60 % des postes supprimés depuis le début de la crise. Et pour une large part ils ont resurgi à Bangalore et à Shanghai.

Selon Richard Sennett, professeur à l'université de New York, « les Américains sont aujourd'hui obnubilés par un seul enjeu : garder leur emploi ou en retrouver un ». Et d'après Sennett, « la plus grande erreur de Barack Obama aura été de privilégier la réforme de la santé plutôt que la lutte contre le chômage[50] ».

La fuite des emplois

Autre phénomène préoccupant : ce chômage qui ne cesse de croître devient de plus en plus, aux Etats-Unis comme en Europe, de longue durée.

Exercice longtemps aussi rentable que l'évasion fiscale, la fuite des emplois vers des cieux plus cléments en termes de salaires et de charges, transforme rapidement nos pays en économies de second plan. La preuve en est administrée par un phénomène nouveau : aujourd'hui, la majorité des contrats de sous-traitance sont raflés par des entreprises américaines et européennes.

Une réalité lourde de conséquences : signifie-t-elle que dans les grandes nations industrialisées du XXIe siècle, les seules entreprises désormais compétitives sont celles qui fonctionnent à faibles coûts, et donc avec des bas salaires. Est-ce que nous glissons vers un « moins disant social » où l'alignement sur les producteurs à bas coûts ne permettra plus d'enrayer le déclin durable des rémunérations et des prestations sociales?

Pendant des décennies, nous avons baigné dans un monde dominé par la permanence et la stabilité. Les pays occidentaux s'affichaient comme des nations « leaders » dont la prospérité servait de vitrine et de modèle aux pays qui entreprenaient leur « longue marche » sur la voie de la prospérité et du bien-être. Il avait fallu deux siècles à l'Europe, et aux Etats-Unis pour acquérir un niveau de richesse sans équivalent dans l'histoire. Avec un peu de chance, il en faudrait davantage à ces lointains concurrents, beaucoup plus mal préparés.

Nous analysons toujours le présent à la lumière des expériences passées ; et cela, souvent, fige la pensée et les comportements. L'essor spectaculaire du Japon au début des années 1980 s'était terminé quelque dix ans plus tard par son effondrement, miné par une bulle spéculative et la déflation.

Tokyo, qui représentait alors la deuxième économie mondiale, était monté à l'assaut des vieilles citadelles que constituaient les économies de l'Europe et des Etats-Unis.

Elle avait remporté des victoires mais perdu la bataille et cette défaite renforçait encore notre torpeur et notre assurance. En 1905, la victoire navale du Japon sur la Russie marquait le premier échec infligé par un pays asiatique à une puissance occidentale.

Mais dans les années 1980, l'économie la plus développée d'Asie n'avait pu récidiver.

Pourtant, l'essor du Japon avait coïncidé avec une véritable dislocation du paysage industriel mondial : disparition de l'acier, restructuration, déjà, du secteur automobile et remise en cause des spécialisations traditionnelles.

Le Japon l'avait compris. C'est un véritable empire de la connaissance, dépourvu de matières premières qu'il fait venir de fort loin pour les transformer en produits de qualité qu'il vend également très loin. Comme un cœur qui absorbe et qui rejette.

Une firme comme Sony est, à elle seule, un chef-d'œuvre d'innovation, grâce au visionnaire qui l'a créé : Akio Morita. Suzanne Berger énumère ses inventions qui ont littéralement transformé notre manière de vivre : le magnétoscope en 1950, le transistor en 1955, la téléviseur couleur Triniton en 1969, le Walkman en 1979, le lecteur CD en 1982 et la console de jeux PlayStation en 1994[51].

Pourtant, malgré tous ses atouts, le Japon va échouer. Pour trois raisons : il lui manque la masse critique (que possède la Chine), la rapidité d'exécution et surtout, la mondialisation et les délocalisations, encore embryonnaires, n'ont pas suffisamment affaibli les économies européennes et américaines.

« A long terme nous serons tous morts »

Pour General Motors et Chrysler qui ont bénéficié de 50 milliards de dollars de subvention fédérale en 2008, j'ai choisi de me concentrer sur un seul Etat américain. General Motors, immédiatement après le premier versement, a fermé son usine de Janesville dans le

Wisconsin et licencié ses 2 800 ouvriers. Une région déjà sinistrée en terme d'emploi. A Kenosha, toujours dans le même Etat, les 800 salariés de l'usine Chrysler-Fiat se sont vu préférer les travailleurs mexicains payés 4 dollars l'heure.

Toujours dans le Wisconsin, l'entreprise Mercury Marine a licencié les 2 000 employés de son usine de Fond du lac pour délocaliser dans une usine de l'Oklahoma où n'existe aucun syndicat. Pendant des décennies, cette entreprise, comme les deux autres évoquées, avait bénéficié d'aide de l'Etat et d'importants avantages fiscaux.

La fin du communisme et l'ouverture des frontières a marqué la fin de la stabilité de l'emploi et, pour les entreprises, le début d'une quête planétaire effrénée de maximisation des profits. Les défenseurs des délocalisations ont toujours vanté leurs bienfaits pour les économies occidentales sur le long terme. Mais la crise de 2008 a amplifié deux tendances extrêmement inquiétantes à court terme : l'accroissement rapide des pertes d'emplois et d'absence de créations de nouveaux postes de travail. Le marché actuel de l'emploi est le pire depuis deux décennies et les Etats-Unis comme l'Europe ne créent plus assez de postes pour les travailleurs arrivant sur le marché.

Les chiffres sont trompeurs. Ils pourraient donner à penser que nous sommes sortis de la récession mais l'emploi n'a pas repris et le niveau de chômage reste extrêmement élevé.

Joseph Stiglitz rappelle qu'au sortir de la grande crise de 1929, les dirigeants politiques et les économistes prêchaient la patience en expliquant que les vertus du marché ramèneraient l'économie à un niveau de plein emploi. Face à ces arguments, étonnamment semblables à ceux défendus aujourd'hui par les partisans des délocalisations et d'une mondialisation heureuse, le grand économiste John Maynard Keynes avait répliqué : « A long terme, nous serons tous morts. »

La mort de la classe moyenne

En Europe et aux Etats-Unis, mais aussi au Japon, notre classe moyenne meurt pour favoriser l'éclosion de celles qui vont lui succéder en Inde et en Chine. On évalue déjà, dans chacun de ces deux pays, leur nombre à près de 250 millions de personnes. Ils disposent parfois de revenus mensuels oscillant parfois autour de 3 000 dollars, ce qu'un Européen ou un Américain gagne de plus en plus rarement.

Je traverse Cleveland, la capitale de l'Ohio, autrefois bastion industriel du pays. C'est ici, comme à Pittsburgh ou à Detroit, qu'a commencé la mise à mort de la classe moyenne américaine. Elle n'était pas seulement formée de cols blancs sortis d'un tableau de Norman Rockwell, et travaillant dans les secteurs de l'assurance ou de la vente.

Jusque dans les années 1970-1980, les travailleurs de l'acier ou de l'automobile se considéraient comme une aristocratie ouvrière dont les revenus, efficacement négociés par les syndicats, faisaient d'eux des membres à part entière de la classe moyenne, véritable dépositaire du rêve américain.

Sa mise à mort a eu lieu quand l'Amérique s'est massivement désindustralisée, à partir de la fin des années 1980. En frappant de plein fouet des villes comme Cleveland ou, en France, la Lorraine.

Aujourd'hui, c'est un univers à l'abandon, aux maisons autrefois pimpantes rongées par la crasse ou le délabrement. Cette perte de l'emploi industriel est une lèpre qui s'est répandue à travers l'ensemble des Etats-Unis et qui, au-delà des drames humains, a provoqué un véritable désarroi.

Beaucoup de travailleurs employés dans l'industrie appartenaient aux minorités ethniques, et pour eux et leur famille, cet emploi constituait le premier pas vers l'accession à cette classe moyenne tant rêvée et idéalisée.

A l'aéroport de Boston, un petit groupe d'émigrants salvadoriens attend, intimidés et résignés sur un banc installé contre le bureau des douanes.

Je m'approche d'eux et instinctivement ils se tassent sur leurs sièges, inquiets. Ils m'expliquent qu'ils ont des parents à Boston mais qu'il leur manque un papier qui risque de les renvoyer tous au Salvador. Je leur demande pourquoi ils tiennent tant à venir vivre aux Etats-Unis. Ils paraissent totalement étonnés par ma question. L'un d'eux me répond sur le ton de l'évidence : « Mais parce qu'ici tout est possible. Si vous travaillez, vous aurez votre maison, des voitures, tout le confort. Comme les gens riches au Salvador. »

Un rêve brisé par la crise

Ce rêve déjà envolé s'est totalement brisé avec la crise. Le nombre de femmes occupant un emploi est devenu supérieur à celui des hommes mais ce n'est pas vraiment une bonne nouvelle qui témoignerait de notables progrès de la condition féminine. Cette montée en nombre n'est pas une montée en puissance, elle découle uniquement d'un arbitrage budgétaire.

Une femme, à poste égal, coûte 20 % moins cher qu'un homme et en période de crise c'est le critère essentiel pour la garder. Durant les six premiers mois de 2008, quand le krach financier a quitté la planète finance pour gagner l'économie réelle, 82 % des emplois supprimés ont touché les hommes. Ils concernaient les secteurs de l'automobile, de la sidérurgie, du bâtiment, et de l'industrie.

Autre mauvaise nouvelle pour l'avenir de la classe moyenne, l'étude publiée en 2006 par Elisabeth Warren, professeur à Harvard, se révèle prophétique. Cette femme de caractère d'une totale intégrité a choisi un titre qui frappe les esprits : « La classe moyenne au bord du précipice ; les risques financiers augmentent pour les familles américaines. » Elle brosse un tableau rigoureux mais angoissé quant à leur avenir : « Les familles de la classe moyenne, estime-t-elle, sont menacées sur chaque front et les vieilles règles financières du crédit ont été réécrites par de puissantes firmes qui considèrent les familles de la classe moyenne comme le butin obtenu grâce à leur influence politique[52]. »

Elle démontre que pour vivre et pour régler tous ses frais fixes : impôts, frais scolaires, emprunts immobiliers, une famille typique a besoin de deux salaires et ne repose plus sur le seul revenu du père comme ce fut le cas pendant des décennies. Elle souligne aussi que, malgré ce changement, le pouvoir d'achat de cette famille dotée de deux salaires est inférieur, pour les dépenses courantes, à celui qui découlait, au début des années 1970, d'un seul revenu. Elle évoque enfin ce qui se produit de plus en plus fréquemment aujourd'hui : « La perte d'un des deux salaires peut se révéler souvent catastrophique, pour le couple et la famille. » Une situation qui se reproduit à l'identique en Europe[53].

Je suis étonné depuis longtemps que les gouvernements ignorent et trop souvent méprisent l'importance de la classe moyenne. Il me semble qu'ils manquent singulièrement de bon sens : ce sont eux qui consomment, achètent les produits mis sur le marché et, au fond, tirent la croissance. Ils sont un des principaux piliers du système et pourtant, avec un aveuglement inexplicable, on s'est employé à miner leur existence en les dévalorisant et les appauvrissant.

Aux Etats-Unis, un Américain sur cinq vit avec l'angoisse de perdre son habitation et 80 % d'entre eux considèrent que les délocalisations sont mauvaises pour l'économie. Nous assistons de plus en plus à un phénomène inquiétant de « reprise sans emploi », dans un marché déjà fortement atone.

Stephen Roach, travaillant chez Morgan Stanley, souligne que, depuis l'éclatement de la bulle Internet en 2000, il manque environ 8 millions d'emplois par rapport aux chiffres attendus en se fondant sur les calculs et les projections des précédentes reprises. Huit millions ! Et les emplois créés proposent des salaires et des avantages sociaux extrêmement faibles. Mais il y a pis encore. Le calcul opéré par Stephen Roach suivait le krach Internet survenu dix ans plus tôt. Cette première baisse sensible de l'emploi est suivie aujourd'hui d'un gigantesque trou d'air : le niveau des créations d'emplois est de 7 à 9 millions inférieur aux prévisions.

En mai 2010, *Le Figaro* publie une interview de Laurent Wauquiez, le secrétaire d'Etat à l'Emploi, si discret en matière de délocalisation, sauf pour évoquer le phénomène, marginal, des centres d'appels. A la question : « Qu'est-ce qui vous conduit aujourd'hui, à travailler sur les classes moyennes ? » il répond par un aveu : « La réflexion sur les classes moyennes est le parent pauvre de la politique française. On a presque l'impression que c'est un gros mot (*sic*). Le dernier a en avoir parlé c'est Georges Pompidou. Or, les classes moyennes stabilisent notre société, organisent son dynamisme économique, et sont les garants du bon fonctionnement de l'ascenseur social. »

Laurent Wauquiez omet de préciser que cet ascenseur social est tombé en panne depuis plusieurs années. Il conclut cet entretien par une formule : « On ne sortira pas de la crise s'il n'y a pas de sortie de crise pour les classes moyennes », qui devient en titre, magie du journalisme : « Vers une sortie de crise pour les classes moyennes ».

Louis Chauvel, spécialiste, lui, de la classe moyenne, souligne à quel point la crise économique accélère le déclassement social qui s'amplifie génération après génération : « Aujourd'hui, les jeunes qui entrent sur le marché du travail se retrouvent face à des taux de chômages inédits – lorsqu'ils sont rapportés à leur niveau de diplôme – et sont obligés d'accepter des postes sous-valorisés d'un point de vue salarial, sous-qualifiés et souvent sans grande perspective [...]. Dans la crise actuelle, les jeunes de 25 ans sont très exposés mais les 30-40 ans ne sont pas à l'abri non plus : peu d'augmentation sont à espérer, les plans de licenciements qui ne manqueront pas d'advenir dans le contexte actuel ne les épargneront pas ; entre la charge de leur famille, les remboursements immobiliers, ils seront tenus d'accepter des places moins favorables à partir desquelles ils ne pourront plus revenir à leur statut antérieur ».

Dans l'Hexagone le niveau flirte avec les 10 %. Son niveau dépasse celui de l'Italie, 8,6 %, du Royaume-Uni, 7,8 % et de l'Allemagne, 7,5 %.

Je suis d'accord avec Joseph Stiglitz quand il affirme : « Les politiques et les économistes qui promettent que la libéralisation du commerce va améliorer le sort de tous sont des imposteurs. La théorie économique (comme l'expérience historique) indique le contraire : même s'il est possible que la libéralisation des échanges améliore globalement la situation d'un pays, elle aggravera celle de certaines catégories de sa population [...]. Le monde d'Adam Smith et des partisans du libre-échange dans lequel celui-ci améliore la situation de tous n'est pas seulement un monde mythique de marchés parfaits sans aucun chômage : c'est aussi un monde où le risque ne compte pas, parce qu'il y existe des marchés d'assurance parfaits auxquels on peut transférer les risques ; un monde où la concurrence est toujours parfaite sans aucun Microsoft ou Intel pour menacer l'emploi, les salaires et la suprématie de l'Occident. »

L'inégalité et l'insécurité constituent l'état naturel du monde mais la mondialisation et les délocalisations l'ont considérablement aggravé dans les pays industriels jusqu'ici avancés. Le peu de pouvoir que le monde du travail avait réussi à arracher au fil des ans est à nouveau confisqué par les entreprises qui récupèrent également la totalité des gains.

Menacer de délocaliser pour baisser les salaires

En 1998, la France était encore la quatrième puissance économique mondiale. Il lui a fallu seulement dix années pour reculer à la sixième place, un déclin qui devrait encore s'accentuer.

Fernand Braudel soulignait à quel point la dynamique du capitalisme reposait avant tout sur la confiance des acteurs impliqués. En France, elle est rompue. Parce que l'accord implicite existant entre toutes les parties a volé en éclats. Le pouvoir politique ne protège plus les citoyens qui sont aussi des travailleurs face à un secteur économique qui désormais, non seulement ne crée plus ni emplois ni richesses, mais les détruit.

Ce secteur agit contre l'intérêt général, du moins pour les grands groupes, fuit le pays et engrange à l'extérieur des bénéfices fructueux qui ne seront jamais rapatriés. La délocalisation, nous le verrons un peu plus loin, offre aussi aux entreprises de merveilleuses opportunités fiscales. Elles n'ont pas besoin de s'éloigner beaucoup, le sol européen, ses directives et ses complaisances juridiques permettent aisément de contourner le fisc.

L'entreprise, face à ses salariés, est, dans tous les cas, en position de dicter sa loi. Menacer de délocaliser peut se révéler aussi rentable que de passer à l'acte. Nul besoin, parfois, de franchir les frontières. Devant la perspective de perdre leur emploi les salariés acceptent de baisser leur salaire et d'augmenter le temps de travail.

Travailler pour la moitié de leur salaire

Un article publié dans *Business Week* révélait, dès 2004, une autre réalité édifiante. Un chef d'entreprise américain recherchait des programmeurs de haut niveau. Les salaires à Boston, pour ce type d'emplois, s'élevaient à 80 000 dollars par an. On lui proposait des postes équivalents en Inde, tous frais compris, pour 40 000 dollars. Mû par la curiosité, il fit publier une annonce dans le journal local, le *Boston Globe*, où il offrait pour ces postes un salaire de 45 000 dollars. Il fut submergé par les propositions et stupéfaits par la qualité et l'expérience de ceux qui briguaient ces emplois. Tous étaient prêts à travailler pour 45 000 dollars, un revenu inférieur à celui d'un jeune diplômé en science informatique arrivant sur le marché du travail[54].

Selon Ron et Anil Hira, ce type d'anecdote concernant des travailleurs hautement qualifiés s'est répété des milliers de fois. Et ils soulignaient que, dès 2004, une étude révélait que les salaires dans les secteurs de haute technologie pouvaient atteindre jusqu'à 23 % de réduction[55].

Pourtant, si nous nous plaçons d'un strict point de vue économique, les partisans des délocalisations semblent négliger un argument important : les pressions exercées pour obtenir la baisse des salaires contribuent à détruire le pouvoir d'achat des consommateurs sur les marchés qui demeurent, pour ces firmes, les plus rentables, c'est-à-dire l'Europe et les Etats-Unis.

En effet, si on examine en détail les bénéfices réalisés par de nombreuses entreprises, ils découlent pour une bonne part de la baisse des salaires et du refus arrogant de les augmenter. Dans un contexte de chômage de masse, la surcharge de travail s'accroît. Et toutes ces évolutions aboutissent à un paradoxe grandissant : l'entreprise aux Etats-Unis et en Europe paraît maître d'un jeu qui pourtant à terme la détruira.

Le culte du profit et des objectifs à court terme, masque un avenir inquiétant. L'exemple des délocalisations montre qu'elles ont non seulement sapé les fondements de la prospérité, en Europe comme aux Etats-Unis, mais aussi ceux du secteur entrepreunarial. Ce ne sont plus les salariés qui se détournent de l'entreprise, mais cette dernière qui affiche un mépris croissant pour ceux qui la font exister.

La plupart des dirigeants n'investissent plus de manière sérieuse et à long terme dans la formation et la qualification de leurs employés. Aux Etats-Unis, nombre d'entre eux confient en privé : « D'accord pour que mes salariés améliorent leurs compétences, mais qu'ils le fassent à leurs frais et en dehors du temps de travail. » Ce refus affiché de parier sur la qualité des hommes et le renforcement de leur compétence, a deux explications. L'une, évidente, est le dédain envers le facteur humain, l'autre, plus pernicieuse : à quoi bon investir de l'argent et du temps dans la mesure où l'objectif, non avoué, est la délocalisation prochaine de ces emplois vers l'étranger.

Le patron d'une entreprise, auquel on demandait quels étaient pour lui les principaux critères de recrutement, répondait : « Une personne qu'il n'est pas nécessaire de former et qui peut prendre immédiatement ses fonctions. »

Interrogés, 6 % seulement des patrons américains évoquent la compétence de leurs employés comme raison de conserver la production sur place. Même si les chiffres en Europe sont un peu plus élevés, ils révèlent le même état d'esprit.

L'abdication des élites

On demanda à Charlie Chaplin, à la fin de sa vie, quel avait été le véritable moteur de son ambition. Il répondit : « Mes débuts marqués par le froid, la faim et la honte d'être pauvre. » La prospérité reflue chez nous, elle se développe dans de nombreux pays émergents, notamment en Chine et en Inde, qui ont si longtemps ressenti l'humiliation éprouvée par Chaplin.

Le capitalisme a pénétré, puis largement investi ces deux pays, pétris si longtemps d'idéologie marxiste, ou en ce qui concerne l'Inde, d'un socialisme dirigiste. C'est un étrange clin d'œil de l'histoire de constater que Karl Marx, l'auteur du *Capital*, a ignoré le mot « capitalisme ». Il apparaît pour la première fois dans l'ouvrage de Werner Sombart, *Le Capitalisme moderne* publié en 1902. En pleine première mondialisation.

Je pense que le déclin des nations ne découle pas seulement des violences et du diktat que lui infligent des pays étrangers. Il résulte avant tout du renoncement, ou plutôt d'une abdication de ses élites politiques et économiques. Un pays est en danger quand il est trahi par ses dirigeants et c'est ce que nous vivons dans la compétition mondiale qui se déroule aujourd'hui.

Au-delà des propos convenus, j'ai perçu chez les responsables politiques une véritable résignation. Ils semblent dépassés par l'ampleur des enjeux. Les dirigeants d'entreprises, eux, ont adopté une attitude empreinte de cynisme qui pourrait être résumée par la formule : « Pendant la crise, les affaires continuent. »

Au XVIIe siècle, les navires espagnols quittaient les Philippines, lourdement chargés, pour regagner l'Espagne avec un équipage abondant. Les vents, au départ, étaient souvent contraires et les Philippins embarqués aidaient à l'ensemble des manœuvres. Quand les navires atteignaient les zones où, enfin, ils bénéficiaient de courants favorables, ils étaient jetés par-dessus bord pour délester le navire.

L'entreprise, comme les galions d'autrefois, se déleste de ceux qu'elle juge devenus inutiles. Notre classe moyenne meurt, victime de ces comportements.

Attardons-nous un instant sur ces secteurs de la recherche et du développement, qui symbolisaient notre supériorité éclatante face au reste du monde. Avec ces ingénieurs réduits au chômage, dont les postes sont transférés en Inde et en Chine, c'est une accélération irréversible de notre déclin dans trois domaines fondamentaux : la sécurité nationale, l'innovation technologique et notre croissance économique.

L'argument des salaires trop élevés est encore une fois invoqué pour justifier ces décisions. Il est absurde et infondé. Regardons aujourd'hui la réalité du paysage mondial : en Europe et aux Etats-Unis, une croissance molle qui ne crée plus d'emplois et des salaires qui stagnent, souvent depuis plusieurs années.

En Chine et en Inde, où les taux de croissance sont respectivement de plus de 10 % et de 9 %, les augmentations annuelles de salaires sont en moyenne de 15 %. Après des années passées à comprimer les coûts salariaux pour mieux attirer les investisseurs étrangers et tuer la concurrence, ces deux pays, assurés désormais de détenir une position de force, ouvrent les digues des salaires. Sans compromettre pour autant leur compétitivité.

A ce tableau si contrasté, il faut ajouter une autre donnée. Alors que la classe moyenne ne cesse de grandir chez chacun de ces deux géants asiatiques, tirant la croissance et renforçant la consommation intérieure, un chiffre permet de comprendre l'ampleur de l'écart qui s'est désormais creusé : aux Etats-Unis – mais l'information est également valable en France –, seul un salarié sur trois de la classe moyenne ayant perdu son emploi en retrouvera un nouveau, et toujours avec une rémunération inférieure.

Chapitre 8

L'idéologie de la mondialisation : histoire d'un aveuglement

Les dérives des délocalisations

L'affaiblissement de l'Europe, mais aussi des Etats-Unis, découle de la toute-puissance des actionnaires au sein des firmes et de leurs exigences incessantes pour obtenir toujours plus de réductions de coûts et de délocalisations.

Les conseils d'administration des grands groupes pèsent aujourd'hui plus lourd sur le destin des hommes que les gouvernements.

Dès 1996, un an avant que sa compagnie fusionne avec Boeing, le président en Chine du fabricant d'avions McDonnell Douglas, confiait : « Notre activité consiste désormais à rapporter de l'argent à nos actionnaires. Si nous devons transférer les emplois et la technologie dans d'autres pays, nous le ferons. » Les propos de ce dirigeant préfiguraient l'actuelle dérive du monde des affaires.

Sous la pression des actionnaires, le géant General Electric a fermé son usine d'Albuquerque, au Nouveau-Mexique, qui produisait depuis quarante ans les moteurs d'avions. Le site, malgré son haut niveau de productivité, a été supprimé et les 1 300 employés licenciés.

Les trois dogmes

De nombreuses compagnies, qui ont réduit le nombre de leurs employés ou ont délocalisé, souffrent aujourd'hui d'un déficit d'innovation.

« Transfert de connaissances » est devenu la formule codée qui sert à masquer les stratégies de délocalisation des entreprises. En réalité, non seulement ce terme ne masque rien, mais il révèle la plus crue des réalités : le transfert irrémédiable des connaissances d'entreprises américaines ou européennes à leurs rivaux asiatiques.

Forrester Research estimait dès 2002 que 3,3 millions d'emplois américains dans les secteurs des services seraient délocalisés d'ici 2015. La prévision est en bonne voie de réalisation.

Entre 1994 et 2004, avant que le rythme ne s'accélère, l'industrie électronique avait déjà perdu le cinquième de ses emplois. L'industrie textile du vêtement, durant la même période, perdait 60 % de ses effectifs.

Pourquoi les trois dogmes appliqués docilement par l'industrie occidentale sont-ils devenus pour elle une maladie mortelle ? Justement, parce qu'ils ont été suivis à la lettre, sans nuance et sans recul. Il faut rappeler ces données qui ont rythmé la stratégie et l'activité des firmes depuis plus de dix ans :

1 – Licenciements et délocalisations renforcent la compagnie et la rendent plus compétitive.

2 – La nouvelle économie et les emplois créés par les délocalisations permettront aux chômeurs de retrouver un travail.

3 – Ces choix stratégiques, licenciements et délocalisations, sont le résultat d'une réflexion interne et d'un choix délibéré.

Trois postulats qui se sont révélés faux.

1 – De nombreux responsables reconnaissent à mots couverts que les suppressions d'emplois et la décision de partir à l'étranger n'ont souvent pas généré les bénéfices escomptés. De plus, la France, les Etats-Unis, l'Angleterre, et d'autres pays se sont privés des compétences et des qualifications de ceux qui ont été écartés.

2 – Les nouveaux emplois créés par les délocalisations restent quasiment introuvables.

Souvent les relocalisations annoncées ne sont que des artifices juridiques. Ainsi quand l'Allemand Daimler Benz a racheté Chrysler, on a brandi les emplois de Chrysler comme s'ils venaient d'être créés sur le territoire américain. Même chose pour le groupe Tyco qui a décidé de se domicilier aux Bermudes pour des raisons fiscales et dont les milliers d'emplois aux Etats-Unis ont été *de facto* considérés comme des relocalisations.

3 – La stratégie mûrement réfléchie au sein de la firme est un leurre. J'ai pu constater, en discutant avec de hauts cadres, que la plupart des délocalisations pratiquées par les entreprises découlaient d'un simple suivisme par rapport à d'autres firmes concurrentes qui délocalisaient.

L'absence d'informations et de résultats concrets sur ces nouveaux marchés fonctionne paradoxalement comme une incitation à délocaliser. De plus, la course aux bas salaires dans les pays émergents ressemble à une véritable fuite en avant pour l'entreprise, qui implique un transfert constant vers de nouveaux territoires où les coûts demeurent aussi bas qu'espérés, mais où elle se retrouve confrontée à nouveau à la même concurrence acharnée.

Enfin, celui qui, au sein de l'entreprise suggère, et souvent impose, ces coupes sombres et ces délocalisations, reflète encore une fois la logique du court terme qui prédomine : le véritable décideur est le plus souvent le directeur financier ; le « tueur de coûts », au regard rivé sur le bilan.

L'incompétence des chefs d'entreprises

Depuis des décennies, les économistes décrivent les chocs que nous affrontons comme autant de « crises restructurantes », des atouts permettant d'accélérer le rythme des changements. Toujours à notre profit. Aujourd'hui, le système a fini par atteindre son point de rupture et, déréglé au lieu de continuer à progresser, il s'autodétruit. A trop vouloir le manipuler, il a fini par échapper à notre contrôle, et à se retourner contre nous.

Plusieurs causes sont à l'origine de cette catastrophe, mais l'une des plus importantes est l'incompétence de bon nombre de chefs d'entreprises qui se sont fourvoyés.

Nombreux sont ceux qui ont refusé, confrontés à des difficultés, de s'interroger sur le bien-fondé de leur stratégie : le choix des produits fabriqués, à leurs yeux, n'était pas plus en cause que leur inadaptation aux besoins du marché. Face à la mévente, le seul facteur responsable pointé du doigt était le prix élevé de la main-d'œuvre. Un argument très souvent faux qui était même invoqué par des responsables opérant dans des secteurs extrêmement gourmands en capitaux où le coût de la main-d'œuvre était marginal.

Dès lors les usines vont commencer à fermer en France, en Grande-Bretagne, en Italie, en Allemagne, aux Etats-Unis pour s'ouvrir en Europe de l'Est ou en Chine.

Notre système industriel classique ainsi transféré dans les provinces du sud de la Chine paraît alors bien insuffisant pour permettre à ce pays de combler son retard. Pourtant, en déclenchant cet exode, en prenant la décision de délocaliser, les chefs d'entreprises, couverts par les politiques, témoignent d'un abandon impardonnable de tout sens des responsabilités.

Ces deux mondes, main dans la main, vont mentir aux opinions publiques, commander des études qui minimisent l'ampleur des délocalisations tout en soulignant leurs pseudo-effets bénéfiques.

Selon David Birnbaum, expert mondialement reconnu de l'industrie du textile, « il n'existe aucune corrélation entre le coût de la main-d'œuvre et les coûts de fabrication[56] ». Il évalue le coût total de la main-d'œuvre dans les pays émergents à 0,75 % du prix de vente final des produits.

La mondialisation s'est retournée contre nous

Dès le début des années 1980, la civilisation de l'industrialisme classique volait en éclats. En observant cette évolution, Henry Ford II, le fils du fondateur de l'empire automobile, confiait, consterné : « Autrefois tout était simple. Les plus brillants ingénieurs, dès la fin de leurs études, venaient presque automatiquement chez nous. Aujourd'hui ils refusent avec mépris. »

Les grandes firmes, qui avaient régné pendant des décennies, tentaient de s'adapter à la rapidité du changement. Le marché de masse qu'elles avaient créé explosait, se morcelant en mini-marchés qui ne cessaient de se subdiviser et se transformer, exigeant un éventail toujours plus large d'options, de modèles, de types, de tailles, de couleurs.

Autrefois, les produits connaissaient des cycles de vie longs et, avec le temps, la baisse des prix et la standardisation permettaient de faire migrer la production de ces produits vers des pays émergents à bas salaires. Aujourd'hui, ils sont d'emblée fabriqués en Inde ou en Chine par une main-d'œuvre qualifiée mais sous-payée.

Le monde changeait rapidement mais nous avions l'illusion qu'en termes de redistribution des profits il demeurait toujours aussi fortement inégalitaire en faveur de l'Occident.

Dans l'histoire récente de cette mondialisation, il est une question centrale que peu de responsables semblent se poser, et pourtant elle est lourde de conséquences pour notre avenir. Quand le cours de cette mondialisation nous a-t-il échappé pour se retourner contre nous et désormais nous menacer ?

Selon l'économiste américain Angus Maddison, c'est en 2005 que les pays émergents, Asie (hors Japon) et Amérique latine, ont dépassé légèrement les pays développés avant d'accroître ensuite leur écart.

Patrick Artus estime qu'en 2025 ils pèseront à nouveau 65 % du PIB mondial, ce qui nous ramènera à la situation qui prévalait en 1820[57]. Mais cette approche, reposant sur des tendances longues, laisse de côté les erreurs et les aveuglements qui ont conduit au piège qui s'est aujourd'hui refermé sur nous.

Au fond, dans un premier temps, la mondialisation et les délocalisations qui en découlaient représentaient une nouvelle variante du fordisme.

Dans son autobiographie, Henry Ford raconte qu'à ses débuts la construction d'une voiture exigeait 7882 opérations, dont il tenait une comptabilité rigoureuse.

« 949, précisait-il, exigeaient des hommes vigoureux, robustes et pratiquement parfaits du point de vue physique ; 3 338 requéraient des hommes d'une force physique simplement ordinaire, presque tout le reste pouvait être confié à des femmes ou à de grands enfants. » Ford ajoute froidement : « Nous avons constaté que 670 opérations pouvaient être accomplies par des culs-de-jatte, 2 637 par des unijambistes, 2 par des hommes amputés de deux bras, 715 par des manchots et 10 par des aveugles[58]. » Autrement dit, le travail spécialisé n'exigeait pas un homme entier : un fragment d'homme pouvait suffire.

« S'enrichir est glorieux »

Cette mondialisation, à ses débuts, ne fait que poursuivre la stratégie classique définie par Adam Smith sur la spécialisation du travail et les gains accrus qu'elle procure aux entreprises.

La première grande migration industrielle eut lieu au cours des années 1980 avec le déclin aux Etats-Unis et en Europe de l'ensemble de l'industrie lourde, dont celle de l'acier.

Au tout début des années 1970, je débarquais pour la première fois à Canton. La Chine sortait à peine des convulsions de la Révolution culturelle et l'agglomération ressemblait à une ville à la campagne, pratiquement dépourvue de voitures avec, à proximité de l'aéroport, des champs labourés par des bœufs.

Depuis, les entreprises fermées en Europe et aux Etats-Unis se sont ouvertes dans cette région, où les champs, les bœufs et les rizières ont depuis longtemps disparu pour favoriser l'éclosion de mégalopoles industrielles.

Ces années 1980, empreintes d'illusions, laissaient croire aux capitalistes occidentaux qu'ils allaient, en délocalisant emplois et usines, remodeler un nouveau système économique mondial qui leur serait encore plus favorable.

Les barrières tombaient en Chine mais aussi en Occident ; les négociations commerciales réduisaient les taxes et les quotas à l'exportation des produits. Les frontières s'ouvraient, les marchés se libéralisaient au point que, en 1994, lors de la création de l'Organisation mondiale du commerce, les investissements étrangers directs, les échanges de devises et de biens, franchissaient librement et allègrement les frontières nationales.

Première erreur commise par l'Occident : ne pas avoir prêté suffisamment d'attention à la formule de Deng Xiaoping, le leader qui engagea en 1978 son pays sur la voie du capitalisme : « S'enrichir est glorieux. »

Les Chinois, en réalité, sont prêts à travailler dur, mais à leur propre enrichissement et non pour accroître celui de l'Occident. Entre 1979 et 2009, la Chine, essentiellement ses provinces les plus dynamiques, va recevoir plus de 900 milliards de dollars d'investissements étrangers directs.

En 2002, l'agence de presse officielle Chine Nouvelle qualifiait ce déferlement d'argent de « miraculeux ». Le terme est exact. Ce transfert phénoménal de richesse accélère et renforce le décollage économique de la Chine, lui permet de brûler les étapes.

Les historiens et les économistes se pencheront longtemps sur ce mortel aveuglement qui constitue la deuxième erreur commise par les responsables des vieilles nations industrialisées : en finançant l'essor de la Chine, ils programment leur déclin.

Les industriels européens et américains se félicitent de leur bonne fortune : avoir découvert un pays qui se transforme en un immense atelier dont la main-d'œuvre disciplinée permet ensuite de réexporter des vêtements ou autres produits fabriqués à moindre coût.

Les cartes changent de main

Pour un homme d'affaires occidental, produire en Chine deux milliards de paires de chaussettes revendues ensuite à travers le monde l'empêche de percevoir l'essentiel. Les Chinois attirent les industriels étrangers et leur technologie pour pouvoir à leur tour produire et exporter dix milliards de paires de chaussettes. Leur objectif à terme : concurrencer puis détruire leurs concurrents occidentaux dans tous les secteurs : le textile, puis l'électronique grand public, la production automobile, etc.

La Chine et l'Inde, au fil des ans, disposent d'un nombre croissant de travailleurs qualifiés, d'ingénieurs, ce qui permet d'ouvrir une usine d'informatique à Bangalore, un site de fabrication de puces électroniques à Shanghai. Un niveau de compétence corrélé à de bas salaires.

Pourtant, en Inde, au début des années 1990, la main-d'œuvre hautement qualifiée restait extrêmement sous-employée et peu rémunérée. A tel point que les dirigeants du Ghana, ce petit pays anglophone d'Afrique de l'Ouest, découvrirent, stupéfaits, au cours d'une visite officielle à New Delhi, que les ingénieurs informaticiens indiens étaient moins bien payés que ceux de leur pays.

Ces bas salaires vont faire tache d'huile et entraîner chez nous encore un « effet heureux » de la mondialisation, le déclin des salaires et des prestations sociales, les fermetures d'usines. Autrefois, les pays en développement exportaient des produits agricoles ou des matières premières. Désormais, leurs exportations se composent pour 75 % de produits manufacturés.

Là se situe la troisième erreur des Occidentaux : tous les secteurs d'activité sont désormais soumis à cette rivalité sévère qui les oblige, pour rester concurrentiels, à s'aligner sur les pays producteurs à faibles coûts.

Plus de la moitié des produits manufacturés achetés par les Américains et les Européens sont importés. Les cartes ont changé de main et, pour la première fois depuis un siècle et demi, l'Occident n'est plus maître du jeu.

La mondialisation a entraîné une véritable perte de souveraineté des Etats et des droits des travailleurs. L'ouverture des marchés qui devait accroître notre prospérité s'est révélée un véritable sophisme.

Dès le début des années 1990, 40 000 sociétés multinationales avaient ouvert à travers le monde 200 000 filiales qui se livraient une concurrence féroce en termes de coûts salariaux.

Si vous circuliez à la fin des années 1990 dans les villes frontières entre le Mexique et les Etats-Unis, vous observiez un phénomène étrange : des zones industrielles qui avaient poussé comme des champignons perdaient leurs usines d'assemblage qui s'étaient implantées après l'accord du libre-échange signé en 1993 entre les Etats-Unis, le Canada et le Mexique.

Les ouvriers mexicains payés 2,20 dollars l'heure (charges comprises) n'étaient plus assez compétitifs aux yeux des entreprises américaines. Il arrivait fréquemment qu'un groupe qui avait délocalisé sa production au Mexique ferme ces usines et délocalise, à nouveau, en Chine où le travailleur n'était payé que 60 cents l'heure.

Des premières délocalisations déjà très chères

Les premières délocalisations, au début des années 1990, furent laborieuses et coûteuses pour les entreprises occidentales, notamment automobiles. La Chine exigeait qu'elles créent des *joint ventures* avec des associés chinois et que les véhicules soient assemblés dans le pays où ils seraient vendus.

Avec le recul, tout semblait absurde dans cette stratégie : la faiblesse du pouvoir d'achat rendait le marché local famélique, et les conditions d'organisation faisaient penser au film *Fitzcarraldo* où un illuminé s'efforce de faire traverser à un navire une jungle escarpée.

Comme dans le film, la main-d'œuvre chinoise se révèle extrêmement bon marché, un avantage immédiatement annulé par un ensemble de problèmes et de coûts imprévus. Il faut importer toutes les matières premières, payer des frais de transport élevés et les salaires, primes et frais de logement de nombreux cadres exilés chargés de faire tourner de manière satisfaisante l'entreprise.

La plupart des responsables des firmes engagés dans ces délocalisations reconnurent en privé que les coûts de fabrication en Chine ou dans d'autres pays émergents étaient au fond plus élevés qu'en Europe ou aux Etats-Unis.

En 2003, un rapport de McKinsey s'intéressa à l'industrie électronique taiwanaise. Il soulignait que, malgré la qualité du matériel de fabrication, les faibles salaires des ingénieurs et des techniciens, le niveau d'« effectivité globale sur équipement », c'est-à-dire l'efficience du personnel à son poste de travail, n'était que de 84 %, alors que la référence mondiale était de 95 %.

Suzanne Berger, du MIT, avait, en 2002, enquêté sur un producteur italien de cotonnade qui avait ouvert une usine flambant neuve en Inde. A l'époque, un ouvrier de l'usine italienne gagnait 2 300 dollars par mois, tandis que son homologue indien gagnait 70 dollars. Le coût et la main-d'œuvre en Italie représentaient 25 % des ventes contre 4,5 % en Inde. « Mais tout l'équipement utilisé en Inde, souligne-t-elle, devait être importé. Le contrôle de la qualité y coûtait plus cher. L'efficacité de l'usine indienne était inférieure de 10 %. Finalement, le P-DG estimait que le coût par mètre de tissu était deux fois plus élevé en Inde qu'en Italie. »

Avant de devenir des marchés, les pays émergents où les firmes délocalisent leurs usines se révèlent de véritables cauchemars logistiques et financiers. Les responsables ont ignoré ou sous-estimé l'ampleur des problèmes : la médiocrité des infrastructures, les dégâts occasionnés au cours des transports, les frais de courtage ou encore la gestion hasardeuse de la chaîne d'approvisionnement. Ces surcoûts sont encore aggravés par le flou juridique et les prélèvements effectués par des fonctionnaires corrompus.

Dans certains pays, les dirigeants locaux conscients de leur impuissance demandaient aux entreprises qui s'installaient de construire elles-mêmes les routes et les lignes électriques qui conduisaient à leurs sites.

« La Chine submerge un marché »

Il existe 1,3 milliard de Chinois, et une boutade entendue aux Etats-Unis prétend que les firmes de déodorants rêvent d'un marché où existent 2,6 milliards d'aisselles. Je ne crois pas qu'elles soient parvenues à leurs fins, mais leur espoir était au fond moins irréaliste que celui d'EADS qui espère équiper 50 % des 3 000 avions qui composeront dans un futur proche les flottes commerciales du pays. Gagner des parts de marché est devenu quasiment illusoire en Chine et en Inde.

Robert B. Cassidy, représentant commercial adjoint des Etats-Unis en Chine avait déclaré dans *Business Week* : « Les exportateurs japonais, sud-coréens et européens mettaient souvent quatre ou cinq ans pour se faire une place sur un marché [...]. La Chine, elle, le submerge si vite que vous ne la voyez pas arriver[59]. »

Sur le plan intérieur, elle agit avec la même rapidité. Il lui a fallu seulement dix années pour mettre en place des infrastructures de télécommunications parmi les plus avancées de la planète, qui, probablement, d'ici peu, auront dépassé celles de ses concurrents. « Pour y parvenir, selon Robert C. Fonow, qui fut directeur général de Scientific Atlanta à Shanghai, la Chine commence par importer rapidement une nouvelle technologie, puis l'étudie, l'imite et l'améliore[60]. »

Cela explique la rapidité avec laquelle elle barre l'accès de son marché intérieur aux entreprises étrangères. Elle préfère substituer aux importations les productions de ses champions nationaux.

Des revenus *low cost*

Trois mots expliquent notre échec : aveuglement, cupidité et arrogance. Les responsables économiques portent une responsabilité écrasante. Ils ont financé l'essor de la Chine qui est devenue à son tour en dix ans le premier créancier de la planète. Sans la moindre contrepartie.

Nous avons créé des géants industriels et technologiques vis-à-vis desquels nous ne sommes plus concurrentiels, tandis que tous nos filets de protection mis en place depuis des décennies disparaissent les uns après les autres.

Les emplois sont détruits sans même que leur remplacement soit envisagé. Aujourd'hui, l'emploi, dans les pays occidentaux, offre un bien cruel spectacle : les consommateurs occidentaux achètent des produits importés, et sont souvent rétribués avec des salaires qui se rapprochent de plus en plus de ceux du tiers-monde. Les firmes, avec un cynisme consommé, appliquent dans leur pays la « recette salariale » qui leur a si bien profité quand ils ont délocalisé.

Pourtant, un fait essentiel semble avoir échappé à la sagacité des chefs d'entreprises qui pratiquent cette stratégie *low cost* en matière de revenus : ce sont les travailleurs qui paient les salaires des dirigeants en demeurant consommateurs.

Je crains que le prix Nobel d'économie Joseph Stiglitz ne se trompe quand il affirme que les « Etats-Unis (comme l'Europe) sont en train de devenir un pays riche aux populations pauvres ». Ces deux zones deviennent de moins en moins prospères parce qu'elles ont cru que les grands pays émergents se contenteraient de fabriquer des produits bas de gamme et qu'elles pourraient préserver et développer chez eux la production à haute valeur ajoutée.

L'ouverture du commerce mondial a créé un système de vases communicants qui a affaibli les pays riches : alors que le nombre des emplois et les rétributions qui les accompagnent diminuent dramatiquement dans les pays développés, ils ne cessent de croître et sont de mieux en mieux payés dans les pays émergents.

Pour les vieilles nations industrielles, des deux côtés de l'Atlantique la mondialisation devient une équation insoluble : elle a considérablement diminué la puissance de l'Europe et des Etats-Unis, mais sa fin accentuerait leur déclin.

Le journaliste américain Thomas Friedman a certainement écrit le livre le plus candide et le plus erroné sur la mondialisation : *La Terre est plate*.

Une formule qu'il a peaufinée à la suite d'un entretien avec le responsable d'Infosys, cette société indienne de services informatiques qui s'est développée dans la sous-traitance : « Tom, lui dit-il, nous sommes en train d'aplatir le terrain : des pays comme l'Inde peuvent désormais entrer en concurrence avec les Etats-Unis et ce défi sera bon pour l'Amérique car il sera stimulant. »

Des propos qui font penser à ceux d'un boxeur vainqueur se penchant sur son adversaire étendu sur le ring, presque K.-O., et lui murmurant : « Nous avons bien aplati le ring et cela a créé entre nous une concurrence équilibrée et stimulante. »

« Dissiper l'illusion pour maîtriser la réalité »

L'enthousiasme de Friedman est celui qui découle de l'aveuglement des convertis et, toute proportion gardée, son voyage à travers la mondialisation a un caractère presque fantasmé. « En Amérique, écrit-il, les centres d'appels n'offrent que des emplois mal payés et peu prestigieux, mais en Inde c'est tout le contraire. Les jeunes Indiens travaillent avec enthousiasme et ça les amuse de recevoir les appels d'Américains leur téléphonant pour poser des questions incongrues, parce qu'ils ont perdu leur porte-monnaie dans la rue ou parce qu'ils ont envie de bavarder[61]. »

Ces propos reflètent une insupportable condescendance et, visiblement, nous n'avons pas vu la même réalité. En Inde, les jeunes diplômés que j'ai rencontrés cherchent à tout prix à éviter de travailler dans ces centres. Et ceux qui y sont contraints m'ont décrit avec lassitude les pressions énormes qui découlent de la pénibilité du travail. Ils ont aussi évoqué le nombre élevé d'employés qui se sont suicidés.

Friedman, au fond, a fait le choix de l'illusion, au détriment de la réalité. Et je partage le constat dressé par Emmanuel Todd, à propos de la mondialisation : « Il nous faudra dissiper l'illusion pour maîtriser la réalité[62]. »

Le développement de la mondialisation à poussé les entreprises occidentales à opérer deux choix : se réorganiser et délocaliser. Une réorganisation ne revêt pratiquement jamais un caractère définitif mais les délocalisations, au contraire, ont créé des dommages irréparables.

Pendant des années, nous avons observé, fascinés, la montée en puissance de l'Asie pour découvrir tardivement qu'elle était due à notre aide involontaire. En exportant l'Europe et les Etats-Unis, nous avons créé les conditions de notre dépendance.

Avec sagesse, le vice-président de Sony refuse de délocaliser en Chine ses activités de recherche et développement en affirmant : « Ne créons pas notre propre concurrent. Nous devons constamment nous demander si nous ne créons pas la concurrence[63]. » Une sagesse cependant bien tardive. Dans les années 1980, les firmes japonaises furent les premières à délocaliser en Chine et rencontrèrent de nombreuses difficultés.

Les deux seules parties du monde où la mondialisation décrite par Friedman se révèle réellement plate sont l'Europe et les Etats-Unis, mais pas pour les raisons qu'il a avancées. La croissance y ressemble en effet à des encéphalogrammes désespérément plats.

Chez nous, la liste des perdants, ou plutôt des vaincus de la mondialisation est longue et à énumérer ; celle des gagnants, par contre, se ramène en tout et pour tout à trois catégories : les dirigeants des entreprises, leurs actionnaires et les firmes de consultants qu'ils emploient. Des gagnants lancés dans une course aveugle au profit, totalement destructrice.

L'accélération du temps, parfaitement maîtrisée par les Chinois et les Indiens, est en effet devenue chez nous une obsession du court terme. La pression que les actionnaires exercent sur les managers est telle qu'ils exigent souvent, désormais, d'être informés tous les trimestres des résultats de l'entreprise et donc de l'accroissement des bénéfices.

L'aveuglement et la revanche

Les firmes de consultants chargées de vendre les « bienfaits » de la mondialisation et des délocalisations font étrangement penser aux agences de notation qui ont contribué, avant 2008, à conduire l'économie mondiale à la ruine.

Dans mon précédent livre *La Face cachée des banques*, je décrivais comment elles maquillaient des crédits pourris, les fameux *subprimes*, en produits aussi sûrs que les bons du Trésor américain. Complices des banques qui, selon un expert, « transformaient des déchets en or ». Le président de Moody's confiait avec cynisme : « Ces crédits pourris pourraient être fabriqués par des vaches, nous les noterions quand même[64]. »

Les rapports rédigés par ces firmes de consultant s'efforcent avant tout de conforter les choix et les points de vue des entreprises qui les ont engagés, et de leur fournir des arguments en cas de polémique.

Tous défendent l'idée, infondée, que les délocalisations contribuent, à terme, à créer plus d'emplois sur le territoire d'origine. Mais ils se gardent bien de traiter en détail cette question délicate : comment convaincre un jeune d'étudier quand il constate que de plus en plus d'emplois qualifiés, à hauts salaires, partent à l'étranger ?

Leurs écrits sont un curieux mélange de chiffres, d'arguments, invérifiables à court terme, et de procès en sorcellerie.

Toute critique de la mondialisation et des délocalisations relève selon elles d'une pensée archaïque et d'un manque de foi absolu dans la toute-puissance du marché. C'est hélas un autre argument totalement fallacieux : le monde occidental dans les années 1960 était prospère, et pourtant sa croissance ne pouvait être due aux bienfaits du libre marché, puisqu'il n'existait pas. D'ailleurs, si son corollaire, le libre commerce, était le seul moteur de la croissance, alors nous n'aurions connu ni la stagflation des années 1970 aux Etats-Unis ni la récession qui avait marqué le début de la présidence Reagan.

La mondialisation a permis à la Chine de devenir l'an dernier la deuxième puissance économique mondiale, détrônant le Japon. Mais elle détient aussi plus de 1 200 milliards de dollars de bons du Trésor américain, et également plus de 20 % de toute la réserve mondiale de monnaies étrangères qui se chiffre à 6 000 milliards de dollars.

En moins de vingt ans, elle est devenue une puissance capable de faire trembler toute l'économie mondiale, et de lui dicter sa loi, si elle décidait soudain de cesser d'acheter des bons du Trésor américain ou de remplacer ses réserves en dollars par une autre monnaie.

Extraordinaire revanche pour un pays qui fut traité avec un indicible mépris lorsqu'il s'ouvrit aux investisseurs étrangers. En 1978-1979, la mondialisation s'ébauchait à peine, et les tenants de l'ordre ancien se trouvaient encore au sommet de la hiérarchie.

A Washington comme à Bruxelles, Pékin cumulait deux handicaps : une économie encore dans les limbes et un régime qui demeurait communiste. Dans le secteur textile, le seul qui, à l'époque, attirait les investisseurs étrangers, la Chine se vit octroyer des quotas à l'exportation, inférieurs à ceux dont bénéficiaient les cinq millions d'habitants de Hong Kong.

En 2001, l'Union européenne ouvrit unilatéralement ses marchés aux Etats les plus pauvres. Toutes les restrictions tarifaires furent supprimées. Au même moment, elle engageait des négociations de libre-échange avec vingt nations, dont une seule se trouvait en Asie, alors que cette région comptait déjà six des dix économies les plus performantes de la décennie. Quelle clairvoyance !

Toujours en 2001, l'hebdomadaire *The Economist* évaluait à 270 millions le nombre de paysans chinois qui étaient sortis de la misère. En 2003, moment où la mondialisation tournait à plein régime, la Chine, Singapour, la Corée du Sud, Taiwan, l'Inde et le Japon affichaient un PIB (produit intérieur brut) supérieur de 3 000 milliards de dollars à celui des 25 membres de l'Union européenne, ou aux Etats-Unis.

En 2005, l'Organisation mondiale du commerce décréta la fin totale des quotas : la même année, les importations de textiles et de vêtements aux Etats-Unis grimpèrent de 63 % ; dans certains secteurs comme les chemises et pantalons en coton, la hausse atteignit 1000 %.

Dès 2003, l'association des fabricants de textile prévoyait que « si on ne freine pas la Chine, on assistera à la délocalisation de 30 des 40 millions d'emplois que comptent ce secteur. » La plupart des entreprises qui tiraient la sonnette d'alarme étaient en réalité déjà solidement implantées en Chine.

Au XIXe siècle, le textile avait été au cœur des grandes manœuvres impérialistes et commerciales imposées à la Chine et à l'Inde. A l'orée du XXIe siècle, il allait marquer le début de la reddition occidentale à l'égard de ces deux pays.

Chapitre 9

La capitulation de l'Europe

Le sort de l'Europe s'est joué lors du Conseil européen de Lisbonne des 23 et 24 mars 2000. Tout était encore possible, l'Europe pouvait se forger un avenir, mais les dirigeants des Etats membres, tout comme la Commission européenne, ont choisi la voie du mensonge et de la capitulation.

L'objectif de ce sommet : faire de l'Europe « l'économie la plus compétitive et la plus dynamique du monde, capable d'une croissance économique durable, accompagnée d'une amélioration quantitative et qualitative de l'emploi et d'une plus grande cohésion sociale ».

Le but est vague et ambitieux, comme toujours lors de ces réunions, mais quelques objectifs chiffrés sont avancés : il est prévu pour 2010 de porter le taux d'emploi à 70 % et de consacrer 3 % du PIB de l'Union européenne aux dépenses de recherche et de développement. Cette dernière priorité est indispensable alors que l'écart ne cesse de se creuser entre l'Europe et les Etats-Unis.

Selon une étude publiée par le Conseil d'analyse économique, en 2005, l'Europe avait en 1995 un niveau de recherche et de développement correspondant à 88 % de celui des Etats-Unis ; en 2001 il avait décliné à 56 %. Sur les cent cinquante prix Nobel décernés entre 1981 et 2002, cent cinq l'ont été à des scientifiques américains[65].

Des chiffres accablants

En France, de nombreux rapports parviennent sur les bureaux des responsables politiques et tous soulignent à quel point l'innovation est un facteur déterminant de la croissance. Dans son rapport de 2005 sur « financer la recherche et le développement », Jean-Paul Betbèze souligne que « la croissance économique dépend en grande part et à moyen terme de la dynamique de la productivité qui trouve en elle-même ses sources dans la recherche-développement[66] ».

Le bureau d'analyses économiques du ministère du Commerce américain a estimé qu'entre 1995 et 2002, les dépenses recherche et développement ont été créatrices de valeur ajoutée et qu'elles ont contribué pour 6,7 % à la hausse du produit intérieur brut.

Les objectifs fixés par les Européens et pompeusement baptisés « stratégie de Lisbonne » ne seront jamais atteints. Pis, la grande majorité des dirigeants politiques ne manifesteront jamais la moindre volonté de les faire appliquer.

Bruno Van Pottelsberghe, chercheur à l'Institut Bruegel et à l'Université libre de Bruxelles, offre quelques clés pour comprendre cet échec programmé dès le début. Il souligne d'abord l'absence de marché intérieur de la technologie : « Une start-up américaine qui veut vendre un produit aux Etats-Unis fait de la distribution. Une start-up d'Amsterdam qui veut vendre un produit à Anvers fait de l'exportation. Il faut payer dans chaque pays pour déposer son brevet. Il est donc extrêmement coûteux de protéger l'innovation. »

Alors que notre avenir, durant ces années, dépend de notre compétitivité et donc de notre capacité à innover, il souligne la passivité des responsables politiques : « Sur les 3 % du PIB qui devaient être destinés à la recherche et au développement, un tiers devait venir du public, or rien n'a changé dans ce domaine. C'est une question de choix : subventionne-t-on la politique agricole commune ou la recherche ? » Le résultat aujourd'hui est accablant et révèle à quel point l'Europe est incapable de parvenir aux objectifs qu'elle s'est fixée. Selon l'OCDE, le niveau de recherche-développement est de 1,2 % du PIB en Espagne et en Italie, de 2,1 % en France.

Dans le secteur privé, elle témoigne du même aveuglement de la part des chefs d'entreprises français, mus uniquement par une logique à court terme et le maintien de bonus élevés. Les chiffres avancés par Patrick Artus sont accablants : alors que les dépenses en recherche et développement des entreprises mondiales ont progressé de 6,9 % en moyenne en 2008 (40 % d'augmentation en Chine et un peu plus de 8 % en Europe) elles n'ont augmenté que de 0,7 % en France[67].

Un effort concentré sur l'automobile, la pharmacie, les matériels et composants électroniques, la construction aéronautique et spatiale qui en absorbent les deux tiers. Les budgets recherche et développement de Renault et Peugeot ne dépassent guère les deux milliards, alors que ceux de Volkswagen et General Motors sont de six milliards. Même tableau dans la pharmacie : le numéro un français Sanofi Aventis dépense quatre milliards d'euros, son concurrent américain Pfizer, six milliards d'euros.

La Chine seule à appliquer la stratégie de Lisbonne

En réalité, comme le déclare avec humour et consternation le chercheur belge, Bruno Van Pottelsberghe, « la Chine est le seul pays à avoir appliqué la stratégie de Lisbonne ».

Plus de 900 000 diplômés sortent annuellement des universités chinoises. Auxquels il convient d'ajouter près de 450 000 étudiants indiens qui arrivent chaque année sur le marché. A l'inverse, en Europe on constate une véritable implosion. Le nombre de chercheurs stagne ou diminue et leur statut est de plus en négligé. Une seule exception européenne, dont évidemment personne ne parle : la Finlande. Dans ce petit pays scandinave, les dépenses de recherche et développement sont passées de 2,2 milliards d'euros, en 1999, à 5,4 milliards d'euros en 2005. Soit 3,5 % du PIB d'un pays qui détient désormais une véritable expertise technologique, avec des entreprises leaders comme Nokia dans le secteur de la téléphonie mobile. Un exemple qui, pourtant, subit désormais de plein fouet les effets de la concurrence mondiale. Les parts de marché de Nokia se réduisent de façon spectaculaire.

C'est donc une Europe déjà en panne et dépourvue de toute volonté qui présente en juin 2003, par le biais de la commission, « un plan d'action pour l'Europe » censé renforcer la « stratégie de Lisbonne » élaborée trois ans plus tôt. Le choix d'un vocabulaire volontariste au service d'une inertie absolue rappelle pratiquement mot pour mot les termes utilisés autrefois par le Gosplan, l'organe de planification en Union soviétique, qui fixait les objectifs des plans quinquennaux.

Ma comparaison n'est pas exagérée puisque Radek Sikorski, alors vice-ministre des Affaires étrangères polonais confia à l'énoncé de la « stratégie de Lisbonne » : « Je n'avais pas autant ri depuis l'époque où le Politburo communiste avançait des objectifs de production totalement irréalistes. C'était du même acabit[68]. »

En 2004, le chancelier allemand Gerhard Schröder confiait que l'objectif fixé à Lisbonne était irréalisable et ne pourrait être atteint en 2010. Le président de la Commission européenne, l'Italien Romano Prodi, estimait, lui, que les efforts de l'Union européenne pour rattraper les Etats-Unis sur le plan économique « aboutissaient à un grave échec[69] ».

Il est intéressant d'observer qu'entre 2000 et 2004, la Chine et l'Inde, malgré l'importance des délocalisations, ne sont pas encore entrées dans le champ de vision, et de préoccupation, des dirigeants européens. En 2005, l'association européenne des chambres de commerce estime dans une étude que l'économie européenne équivaut à celle des Etats-Unis vers la fin des années 1970.

Cet échec politique se double d'une stratégie suicidaire des entreprises ouest-européennes. Elles préfèrent accroître le chômage en délocalisant d'abord dans les pays de l'Est plutôt que d'augmenter leurs efforts en matière de recherche et développement. Cette « quête errante du profit » les conduira ensuite en Chine et en Inde.

L'Europe a choisi d'hypothéquer son avenir

Dans un monde où les changements sont si rapides et les défis à relever totalement colossaux, l'Europe a fait le choix d'hypothéquer son avenir en se laissant totalement paralyser.

Le 25 mai 1957, six Etats européens paraphèrent le traité de Rome instituant le Marché commun, l'unicité des tarifs intérieurs et extérieurs, la liberté de mouvement pour les personnes, les services et les capitaux.

Cinquante-trois ans plus tard, élargie à 27 Etats, l'Europe n'est plus un projet mais seulement une énorme bureaucratie qui contingente et réglemente. Je trouve plaisant d'entendre évoquer, avec toujours une pointe de condescendance, les lourdeurs des bureaucraties chinoises et indiennes. J'ai souvent été confronté aux deux, mais l'inertie du système administratif chinois est désormais au service d'une stratégie politique et économique qui repose sur une grande rapidité d'action. Son rôle essentiel, actuellement, est d'entraver la marge de manœuvre des industries étrangères, de pratiquer en quelque sorte une « stratégie de l'enlisement ».

L'Inde, elle, a pris la décision de lever la plus grande partie des entraves administratives qui paralysaient son économie et permis l'éclosion de toute une génération d'entrepreneurs.

Peut-être parce que, pendant de longues décennies, toute possibilité d'exister sur la scène mondiale leur a été refusée, dirigeants chinois et chefs d'entreprises indiens partagent les mêmes sentiments d'urgence et de volonté de revanche. L'Europe, elle, baigne dans une inertie encore aggravée par le chaos bruxellois.

Le monde, malgré le rêve de beaucoup, n'a jamais été synchronisé mais la mondialisation a encore « dérégulé » davantage le temps. Le krach financier de 2008 est d'abord celui de la vitesse. Comme l'écrit Paul Virilio :

« L'économie de la richesse est devenue économie de la vitesse. » Le secteur financier était le seul totalement mondialisé, capable de transférer en un instant à l'autre bout de la planète le produit capitaliste parfait : l'argent.

En échappant à tout contrôle, les hommes à la tête de ces établissements se sont livrés à toutes les dérives. Et les pouvoirs politiques qui n'ont pas été conçus pour affronter la rapidité et la complexité du monde actuel se retrouvent constamment hors jeu. Mais cette réalité est encore aggravée lorsqu'une structure bureaucratique comme celle de l'Europe entrave les pouvoirs nationaux. Les problèmes à traiter, les défis à relever sont d'une ampleur inconnue jusqu'ici. Ils exigent de nouvelles manières de réfléchir et d'agir. Bref, de nouveaux comportements. Par contre, les habitudes bureaucratiques, elles, ne changent pas. Bruxelles et ses administrations ont un effet gravement « dysfonctionnel » sur l'Europe.

« L'Europe a plus besoin de la Chine »

L'Europe, brave fille bien qu'un peu pataude, s'offre à la concurrence internationale tout en pratiquant une politique interne de la concurrence, tatillonne, qui interdit à ses Etats membres de fournir à leurs industries un soutien public. Comme c'est le cas en Chine ou aux Etats-Unis.

Dans un rapport, publié en 2006, sur les « Politiques de la concurrence » David Encaoua et Roger Guesnerie, du Conseil d'analyse économique, soulignent « le déséquilibre évident entre le système européen qui, en matière de concurrence, s'inspire des Etats-Unis et va éventuellement au-delà, et le système américain, qui, à côté d'une politique de la concurrence dont l'indépendance est traditionnelle, mobilise un ensemble considérable de moyens et met en place un système structuré pour soutenir l'innovation industrielle[70] ». Et que dire de la Chine !

Grâce à ces choix judicieux, l'Europe est gravement handicapée sur tous les fronts. La vigilance de la Commission à la concurrence contribue sur le plan intra-européen à freiner la croissance mais aussi la compétitivité, et donc à réduire l'emploi. Une tendance encore accentuée par l'ouverture, cette fois sans condition, à la concurrence mondiale.

Le résultat est édifiant : le déficit commercial de l'Union européenne avec la Chine a atteint en 2008 le montant énorme de 169 milliards d'euros, une tendance qui va en s'accentuant.

La Chine exporte ou s'installe sans entrave sur le marché européen. Par contre, les entreprises européennes désireuses de vendre sur le marché chinois doivent accomplir un véritable parcours d'obstacles. Conséquence pernicieuse : les sociétés européennes confrontées à cette situation choisissent d'accroître le rythme des délocalisations vers la Chine. « Nous savons, a confié en aparté un responsable chinois, que l'Europe a plus besoin de la Chine, que la Chine n'a besoin d'elle. » Et pour nombre d'observateurs, elle traite l'Union européenne d'une façon qui s'apparente au « mépris politique ».

On peut aisément imaginer le mépris satisfait avec lequel les dirigeants de Pékin observent la véritable reddition du monde des affaires occidental qui délocalise ses emplois, transfère ses capitaux et son innovation pour des gains sur le seul court terme.

Dès 1999, Catherine Lalumière, ancienne ministre et députée européenne, traduisait, dans un rapport, l'aveuglement des responsables politiques : « Il y a des perdants nets au libre-échange. Dans les pays développés, ce sont les travailleurs les moins qualifiés. Avec l'ouverture des frontières, leur production est concurrencée par celle des pays émergents. La valeur attachée à leurs services diminue, leurs salaires sont poussés à la baisse et leur emploi est menacé. A l'inverse, les travailleurs les plus qualifiés voient leurs services de plus en plus valorisés. Leur production trouve de nouveaux débouchés dans les pays émergents. Ils bénéficient d'une demande croissante et leur rémunération s'améliore[71]. »

L'Europe favorise les délocalisations

Cette vision presque mécanique du progrès occidental a été infirmée bien sûr par les faits : les pays émergents seront de moins en moins des marchés alors que les emplois qualifiés voient leur rémunération stagner ou baisser et leur avenir menacé.

Des milliers de responsables et fonctionnaires européens n'ont pas été capables, au fil des ans, de régler cette contradiction originelle qui entrave tout le fonctionnement européen : le traité de Rome signé en 1957 était avant tout une initiative politique qui ne visait pas à organiser les échanges commerciaux.

Cette Europe dont les règlements sont si contraignants pour la conquête des marchés extérieurs, se révèle, à l'intérieur de ses frontières, un véritable pays de Cocagne pour les chefs d'entreprises, et un véritable cauchemar pour les travailleurs.

De nombreuses sociétés n'ont pas renoncé à utiliser le principal paradis fiscal européen que demeure le

Luxembourg, et profitent avidement des niches fiscales offertes par les Etats européens.

Un autre montage juridique permet aux entreprises de délocaliser en bénéficiant de substantiels avantages. Il suffit qu'une holding, française ou allemande par exemple, délocalise une partie de sa production vers un pays émergent à travers une sous-holding implantée aux Pays-Bas. L'opération apparaîtra uniquement comme un investissement réalisé en Hollande. Un tour de passe-passe juridique que les entreprises pratiquent de plus en plus fréquemment.

Les dispositions prises par l'Europe en matière d'environnement deviennent également source de profits fructueux. En 2005, l'Union européenne a instauré, à la suite du protocole de Kyoto, des « droits à polluer » sous forme d'un système de quotas d'émissions de CO_2.

L'Union européenne a réparti ces droits entre les Etats membres qui les ont ensuite redistribués à leurs industries. Le principe est simple : les entreprises qui polluent moins que leur part peuvent vendre la différence à celles qui sont, au contraire, en excédent.

Le rapport d'une ONG britannique, Sandbag, révèle que de nombreuses entreprises ont reçu des dotations supérieures à leurs besoins. C'est notamment le cas d'Arcelor Mittal et Lafarge, deux groupes qui ont montré leur penchant pour les délocalisations. Arcelor Mittal a empoché 202 millions d'euros de crédits CO_2, en 2008, et Lafarge 59 millions.

Le sidérurgiste indien a annoncé « se refuser à céder des crédits carbones ». On comprend mieux son choix à la lecture du rapport de l'ONG britannique : « D'ici les cinq prochaines années, nous estimons que la valeur de ces permis atteindra 2,3 milliards d'euros, trois fois plus que le budget total de l'Union européenne pour l'environnement[72]. »

« En route vers de vraies délocalisations »

Le secteur automobile, lui, s'est vu octroyer de nombreuses aides, alors qu'il avait déjà largement délocalisé, après la chute du mur de Berlin, dans les pays d'Europe de l'Est, suivant l'exemple de Volkswagen.

Il existe désormais le « détroit de l'Est », un corridor de plusieurs centaines de kilomètres qui s'étend entre Varsovie et Bucarest. Constructeurs automobiles et équipementiers y sont solidement implantés, qu'il s'agisse de PSA, Renault, General Motors, Fiat, Toyota, Opel.

Entre 2000 et 2005, la production automobile ainsi délocalisée, a augmenté de 39,2 % alors que les ventes, elles, ne progressaient que de 11 %. Une nouvelle preuve que les délocalisations et leurs économies de coûts sont au cœur des stratégies de ces groupes industriels.

Pour le chercheur Edouard Barreiro « le secteur automobile est en route vers de vraies délocalisations ». Il explique que l'implantation à l'étranger d'unités de production s'inscrivait d'abord dans une logique commerciale, mais qu'il faut désormais s'attendre à des délocalisations de grande envergure dictées par la baisse des coûts de production[73].

On découvre que les responsables du secteur automobile, en s'installant dans des pays émergents, ne réduisent pas seulement leurs coûts mais obtiennent également des subventions. Renault a reçu 38 millions d'euros de la Roumanie pour produire, dès 2008, près du site de Dacia, des transmissions destinées aux véhicules Renault mais également Nissan et Samsung. De plus, certains modèles, telle la Logan, conçue initialement par les pays émergents, sont revendus sur les marchés européens de l'Ouest.

La Cour européenne encourage le dumping social

L'Europe devient également un espace de liberté pour pratiquer en toute quiétude le « dumping social ». A cet égard, la décision prise par la Cour européenne de justice, qui siège à Luxembourg, est lourde de conséquences pour l'avenir.

L'affaire jugée s'est déroulée en Suède, un pays fier de son système, où les partenaires sociaux ont la responsabilité exclusive de la fixation des salaires.

En 2004, une société de BTP lettone basée à Riga a envoyé des travailleurs sur un chantier suédois pour rénover un établissement scolaire. Le responsable de l'entreprise a tenté de négocier les salaires de ses collaborateurs avec le syndicat suédois du bâtiment. Sans succès. Il a alors négocié un accord avec le syndicat letton, mais à des conditions moins avantageuses.

Les représentants suédois des salariés ont déclenché des mesures de blocus sur le chantier pour faire plier le groupe letton. La filiale a fait faillite, les travailleurs sont repartis en Lettonie et le groupe letton réclame réparation du préjudice devant la Cour de justice.

Les syndicats suédois sont probablement allés trop loin en exigeant de rester incontournables, et d'imposer leurs normes. Mais la Cour de justice, dont on connaît les vues libérales en matière économique, a ouvert une brèche d'une extrême gravité. A l'énoncé du verdict le président du Parti socialiste européen a déclaré : « L'Europe s'est tirée une balle dans le pied, ce n'est pas un bon jour pour une Europe sociale. C'est un jour de brume derrière laquelle pourront s'abriter les mauvais employeurs et ceux rognant les salaires. »

Dans ses attendus, la Cour européenne de justice estime que les conditions des syndicats suédois « rendaient moins attrayante, voire plus difficile, l'exécution des travaux de construction sur le territoire suédois et constituent une restriction à la libre prestation des services ». Elle qualifie de « discrimination le fait pour l'entreprise lettone de devoir se plier au contrat social suédois ».

Une affaire similaire a opposé en 2007 un syndicat finlandais à une société finlandaise exploitant un ferry qui assure la liaison entre la Finlande et l'Estonie. Cette dernière décida d'immatriculer le navire en Estonie et de recruter un équipage estonien.

Selon la fédération internationale des travailleurs du transport, seul le syndicat adhérent où est établie la propriété effective du navire peut conclure un accord collectif, peu importait le pavillon sous lequel le navire est exploité.

Parallèlement, le syndicat exigeait la conclusion d'une convention collective qui aurait permis, en cas de changement de pavillon, de continuer à appliquer la loi finlandaise sans licencier l'équipage. Là encore, la Cour de justice a décidé qu'une action collective engagée par un syndicat ou un groupement de syndicats pour amener une entreprise à conclure une action collective dont le contenu est de nature à la dissuader d'exercer sa liberté d'établissement constitue une restriction à cette liberté[74].

Il serait gravement erroné de considérer ces affaires comme marginales. Elles dessinent les nouveaux contours sociaux et juridiques de l'Europe. Ces deux arrêtés prouvent clairement que le droit communautaire légitime le dumping social, avec toutes les conséquences dramatiques qui en découleront.

Travailler dans les conditions du XIXe siècle

Déjà, des pratiques analogues ont été constatées en France. Constructel, une filiale de France Télécom a employé des travailleurs portugais, sous contrat de travail portugais. Constructel, filiale du groupe portugais Visabeira, a commencé à installer des poteaux téléphoniques en France en 2003.

Selon plusieurs témoignages, les travailleurs portugais ont affirmé être payés entre 1 300 et 1 500 euros par mois, primes comprises, en travaillant six jours sur sept, jusqu'à soixante heures par semaine.

Le directeur commercial du groupe a affirmé que ce système était « légal » et « prévu dans les règles communautaires ». Quelle aubaine pour les entreprises que cette Europe qui permet d'embaucher des salariés aux conditions du pays d'envoi et non aux conditions sociales du pays d'accueil.

Yves Muller, le vice-président de l'Acnet, un syndicat qui regroupe une cinquantaine de PME travaillant comme sous-traitants pour France Télécom, a dénoncé une « délocalisation inverse ». « Comme on ne peut pas délocaliser des chantiers, a-t-il commenté, on prend des Portugais pour les faire travailler à bas coût dans des conditions dignes du XIXe siècle[75]. »

Cette tentation de la « délocalisation sur place » existe également dans les secteurs des technologies de l'information. Aux Etats-Unis, plusieurs salariés congédiés, ont dû, avant leur départ, former leurs successeurs, des informaticiens indiens payés un tiers de leurs salaires et introduits sur le territoire américain avec des visas L1. Une démarche adoptée par plusieurs firmes européennes qui « importent » des salariés indiens avec des visas de trois ans renouvelables.

Une vague de délocalisation à partir de 2010

Selon les termes d'un rapport parlementaire publié en 2005, « le président d'Accenture France [un cabinet de conseil], monsieur Pierre Nanterme, auditionné par la mission parlementaire en tant que président de la commission Economie du Medef, a confirmé que notre pays se situait "entre deux vagues en matière de délocalisations, et que celle concernant les services ne serait véritablement déclenchée qu'à partir de 2010 en profitant des départs massifs à la retraite de la génération des baby-boomers. Le réveil pourrait être douloureux car il y a là un potentiel énorme de pertes d'emplois à valeur ajoutée[76]." »

L'Union européenne déverse également un véritable pactole sur les géants de l'industrie, de préférence non européens. Un rapport confidentiel et interne de la Commission européenne soulignait récemment que les fonds destinés à aider les petites et moyennes entreprises étaient en réalité confisqués par des groupes comme IBM ou Coca-Cola.

Etrangement, alors que les PME françaises représentent 60 % de l'emploi, une réalité que l'on retrouve dans plusieurs autres pays européens, on observe que l'Union européenne favorise les grandes entreprises.

Elles sont, selon les propres mots de la Commission européenne, « particulièrement visées par les nouveaux programmes de financement de la période 2007-2013 qui met l'accent sur l'innovation, la croissance de l'emploi. De nombreux programmes thématiques lancent des appels à propositions afin de financer des projets spécifiques en Europe : recherche technologique, nouvelles technologies dans les transports ou le secteur de l'énergie, nouveaux modes de gestion et formation ».

Un seul exemple : le septième programme-cadre pour les actions de recherche et développement technologique et de démonstration est doté de 50 521 milliards d'euros. Et il ne s'agit que d'un des nombreux programmes dont peuvent bénéficier les entreprises.

Cinquante milliards pour les entreprises, cinq cent millions pour les travailleurs

Sur l'autre versant, on observe une différence radicale de traitement et de montant. La création en 2006 d'un fonds européen d'ajustement à la mondialisation apparaît comme une initiative, justifiée dans son principe, mais totalement tronquée dans sa mise en application.

Ce fonds a pour objectif d'offrir une aide individuelle et ponctuelle aux travailleurs « personnellement et sévèrement touchés par des licenciements résultant des transformations profondes dans les échanges commerciaux internationaux ». En langage clair, il est destiné aux salariés victimes des délocalisations et restructurations.

Autant l'Union européenne se montre généreuse et laxiste quand il s'agit de financer les entreprises, autant elle témoigne d'une pingrerie inhabituelle pour ce qui touche au fonctionnement de ce fonds. Son enveloppe ne peut dépasser les 500 millions d'euros, c'est-à-dire le centième d'un seul plan proposé aux groupes industriels ; et encore l'utilisation de ce montant dépend de la non-utilisation d'autres crédits budgétaires.

Autant le dire clairement : le montant annuel de 500 millions d'euros, fixé en 2006 et qui n'a pas bougé depuis, est totalement fictif.

De plus, les critères d'attributions excluent les délocalisations intracommunautaires, c'est-à-dire le transfert d'usines et d'unités de production vers d'autres pays européens à bas salaires.

L'argument invoqué par la Commission est exactement celui que l'on retrouve dans les deux jugements rendus par la Cour européenne de justice : le principe de la liberté d'établissement. Le tribunal européen a d'ailleurs souligné dans ces affaires que s'il reconnaissait la grève comme une liberté fondamentale, ce droit ne pouvait s'exercer contre cette liberté d'établissement.

J'ai souligné les différences de temps croissantes dans le fonctionnement des différents acteurs de la mondialisation, et notamment l'impossibilité des organismes bureaucratiques à vouloir et pouvoir se réformer. J'aurais pu ajouter qu'il existe un secteur où la vitesse de fonctionnement est « comparée », selon le mot d'un expert, « au déplacement des glaciers » : celui de la justice.

Une justice européenne étrangement rapide

Partout à travers le monde on se plaint de la lenteur de son fonctionnement et de son incapacité à s'adapter aux exigences du monde moderne. Le procès antitrust engagé quelques années auparavant par le gouvernement américain avait conduit à spéculer sur un éventuel démantèlement de la firme. Mais, comme l'estimait Alvin Toffler, « ce processus aurait toutefois pris des années et, entre-temps, les progrès technologiques auraient rendu toute l'affaire caduque[77] ». Comme l'écrivit le chroniqueur de la Silicon Valley, Robert X.

Cringely, c'était une collision « entre le temps hyperaccéléré de l'Internet et le temps judiciaire[78] ».

Or, curieusement, au sein d'une bureaucratie sclérosée comme celle de Bruxelles, la Cour européenne de justice agit avec une rapidité et un sens de l'innovation dans ses attendus qui sont tout à fait inhabituels. Comme si elle s'efforçait de poser les bases d'une Europe à deux vitesses où les droits des salariés ne pèseraient plus guère face au « droit d'entreprendre », véritable euphémisme pour qualifier la possibilité offerte aux entreprises d'agir avec une liberté accrue, en toute impunité.

Ses jugements imprègnent déjà certaines décisions du Conseil européen. Par exemple celle du 17 juin 2008 sur les contrats de travail. Le règlement adopté se substitue à la convention de Rome du 19 juin 1980 en transposant ses principes : le contrôle du travail est régi par la loi que choisissent les parties. Selon Jean-Yves Kerbourc'h, juriste et professeur à l'université de Haute-Alsace, « ce principe contient en germe un risque de dumping social ». Comme le soulignait récemment Gilles Karpman, il serait loisible aux contractants de soumettre leurs contrats, par exemple à la loi du Yémen. Mieux : ils pourraient, selon leurs intérêts (le plus souvent celui de l'employeur), appliquer des lois différentes aux matières traitées dans leur contrat. C'est ce que les juristes appellent le « dépeçage du contrat[79] ».

Moins de temps à la Mafia pour obtenir des aides

L'homme que je rencontre au bar de l'hôtel Hilton de Bruxelles est un haut fonctionnaire travaillant au versement des aides communautaires : « Ce fonds d'ajustement à la mondialisation, réservé aux victimes des délocalisations, me dit-il, est choquant par ses faibles montants et scandaleux quant à son fonctionnement. Il s'écoule souvent plus d'un an avant que l'aide parvienne aux personnes sans emploi. Et quelle aide ? Un ex-ouvrier du secteur de l'automobile autrichien a perçu 22 euros… Il faut moins de temps à la Mafia italienne pour obtenir des aides européennes de plusieurs milliards d'euros. » Il me regarde amusé : « C'est un secret de Polichinelle qui a fait l'objet de plusieurs enquêtes internes. Les organisations criminelles italiennes ont utilisé plusieurs circuits et prête-noms pour détourner massivement les subventions européennes. Et les travailleurs dont les entreprises délocalisent massivement doivent se contenter d'un fonds de moins de 500 millions, qui va en s'amenuisant avec la crise de la dette et l'impossibilité pour les gouvernements de continuer à le financer[80]. »

Chapitre 10

Le déclin de l'Europe

Robert Fogel n'est ni un délirant ni un europhobe, mais pour ce prix Nobel d'économie l'avenir de l'Europe se pare des couleurs les plus sombres. Dans une analyse publiée en janvier 2010 dans *Foreign Policy*, il dresse un tableau saisissant de l'ampleur de notre déclin et de la toute-puissance chinoise.

Selon Fogel, à l'horizon 2040, l'économie chinoise pèsera 123 000 milliards de dollars, c'est-à-dire pratiquement trois fois l'économie *output* (en termes de production et de rendement) de l'ensemble de la planète en 2000.

Le revenu annuel chinois par tête d'habitant sera de 85 000 dollars, plus du double de celui de la population européenne. Il souligne que toutes les études sur la croissance chinoise sous-estiment depuis longtemps sa rapidité et les conséquences qui en découlent. Il dessine une nouvelle hiérarchie mondiale où la Chine détiendra 40 % du PNB mondial, contre 14 % pour les Etats-Unis et 5 % pour l'Europe.

Un Chinois vivra deux fois mieux qu'un Français

Pour l'Amérique, qui assure actuellement 20 % du PNB mondial, c'est un déclin, pour les Européens, il s'agit d'un véritable effondrement. En d'autres mots, écrit-il, « un citadin chinois vivra deux fois mieux qu'un Français moyen ». Il ajoute que « le PNB européen sera le quart de ce qu'il est aujourd'hui et que l'économie des quinze principaux pays d'Europe équivaudra au huitième de celle de la Chine[81] ».

Son analyse qui a fait grand bruit souligne qu'il est encore inimaginable pour l'Occident que le centre de gravité de l'économie mondiale se déplace vers l'Asie. « Et pourtant, ajoute-t-il, ce ne serait pas la première fois. Pendant plus de deux millénaires, la Chine a eu la plus importante économie de la planète. Chris Patten, l'ancien gouverneur de Hong Kong (qui devint ensuite commissaire européen), rappelait que l'économie chinoise a été la première au monde pendant dix-huit des vingt derniers siècles. Pendant que l'Europe était plongée dans l'âge des ténèbres et se livrait à de désastreuses guerres de Religion, la Chine cultivait les plus hauts standards de vie au monde. Aujourd'hui, aux yeux des Chinois, l'ascension de leur pays marque un retour au *statu quo*[82]. »

10 % de croissance pendant trente ans

Les prévisions du prix Nobel dépassent largement les projections officielles chinoises qui estiment qu'en 2040 le niveau de vie par habitant atteindra 31 000 dollars et que le poids de leur économie sera de 45 000 milliards de dollars.

Les projections de beaucoup d'économistes ignorent souvent les aléas, les accidents de parcours, et Fogel tombe lui aussi dans ce travers. Pour parvenir à ces chiffres impressionnants, il considère que la Chine serait en mesure de maintenir, pendant trente ans, sans interruption, une croissance à marche forcée de plus de 10 %. Ce qui est loin d'être acquis. Il écarte également toutes les crises éventuelles, internes ou internationales qui pourraient surgir et compromettre cet essor.

Une étude antérieure de Fogel, publiée en 2006, permet de comprendre pourquoi il a opté pour un niveau de croissance aussi élevé. « En 2000, écrit-il, le Parti communiste chinois annonçait son objectif de quadrupler le revenu par habitant d'ici à 2020. En se basant sur les revenus de l'année, cela exigeait un taux de croissance annuel de 7,2 %[83]. » Le rythme de la croissance chinoise allait se révéler rapidement beaucoup plus élevé, ce qui modifia le raisonnement de Fogel.

L'innovation quitte le camp occidental

Même si ces chiffres se révèlent à terme exagérés, son analyse reste riche d'enseignement, autant dans ce qu'il formule qu'à travers ce qu'il néglige. Il souligne l'effort considérable accompli par la Chine en matière d'éducation : « Le nombre d'étudiants a augmenté de 165 % et ceux étudiant à l'étranger de 152 %. »

Une force de travail parfaitement adaptée aux exigences des entreprises occidentales qui délocalisent. Il montre à quel point l'éducation et la formation sont des armes de séduction décisives vis-à-vis de l'étranger.

En Chine, l'économie reste subordonnée aux priorités de l'Etat. A chaque étape, il s'agit d'attirer les investissements et la production.

L'ère du grand atelier fabriquant des tee-shirts et des jouets est désormais quasiment révolue et c'est sur l'accès à l'innovation occidentale que le régime fait porter son effort.

Il existe actuellement en Chine plus de 1 200 centres de recherche et développement implantés par des compagnies étrangères. Essentiellement installés à Shanghai, Pékin, Guangzhou, ils ont donné lieu à des investissements de 12,8 milliards de dollars. Ces centres travaillent dans des secteurs aussi divers que les télécommunications, l'électronique, la bio-médecine, l'industrie chimique et la mise au point de logiciels. Des domaines qui permettent à la Chine de rattraper son retard. Prêts à tout pour séduire Pékin, un nombre croissant de grands groupes installent en Chine leurs centres de recherche mondiaux.

Le transfert massif de technologie devient le passeport indispensable aux entreprises étrangères qui espèrent obtenir un accès au marché. Et il éclaire parfaitement les prévisions de Fogel sur l'affaiblissement des Etats-Unis et l'implosion de l'Europe.

En Chine, les financements consacrés à la recherche fondamentale ont quadruplé par rapport à ceux des Etats-Unis, les pays européens restant, eux, à la traîne. L'innovation quitte le camp occidental où elle détenait une position dominante. Et les emplois aussi.

Désormais, les délocalisations vers la Chine et l'Inde frappent les salariés à hauts revenus. D'où l'embarras des gouvernements européens et des Etats-Unis devant cette hémorragie et leur incapacité à répondre à une question fondamentale : quelle reconversion proposer à ces chômeurs hautement qualifiés ? Tout cela participe à notre déclin, d'autant qu'un organisme aussi influent que le Boston Consulting Group poussait aux délocalisations rapides.

« Les entreprises les plus compétitives seront celles qui auront été les premières à partir. Celles qui attendent seront prises dans un cercle vicieux : frais de production trop élevés, suppression d'emplois, capitaux sous-employés, perte de valeur irréversible. » La conclusion tombe : « Les entreprises qui continuent à hésiter le font à leurs risques et périls[84]. » Des conseils apparemment écoutés. Il est vrai que licencier des dizaines de milliers d'emplois, délocaliser dans des pays à bas salaires permettant de pratiquer l'évasion fiscale constituent pour des chefs d'entreprises des « risques et des périls » considérables.

« Courage, fuyons »

« Courage, fuyons » semble être devenu le leitmotiv du monde de l'entreprise pressé de délocaliser.

Selon Jacques Delors, « la mondialisation exerce une pression sur les revenus et le niveau de vie des pays riches. Pour réagir contre cela le crédit a été développé poussant à la consommation, à l'endettement [...]. Les possibilités de promotion sociale sont limitées par rapport à une période où l'on avait besoin absolument de main-d'œuvre surqualifiée. La mondialisation a pesé sur tout cela. Il faut bien voir qu'il y a un marché mondial ».

La mondialisation est devenue maintenant une réalité anxiogène dans les pays occidentaux. « Penser global est peut-être penser chic » mais inquiète les opinions qui ont le sentiment que l'avenir est chargé d'incertitudes et de menaces.

L'Organisation mondiale du commerce, dont la lourdeur n'aboutit qu'à des échecs, lança le cycle de Doha sur une libéralisation multilatérale du commerce, en avançant un argument : le succès de ces négociations permettrait d'augmenter de 300 milliards de dollars le PIB mondial.

Un tel montant totalement abstrait ne prenait en compte ni les gagnants ni les perdants d'un tel accord. Le rapport d'une mission de la commission des Affaires économiques, de l'Environnement et de l'Aménagement du territoire de l'Assemblée nationale déclarait avec pertinence : « De quel poids pèse cet argument si l'ouverture supplémentaire des marchés qui en résulteront se traduisait par de nouvelles vagues de délocalisations ? » « De même, ajoutait ce texte, les économistes évaluent les effets des délocalisations pour un pays tandis que les salariés les vivent en terme de trajectoires individuelles. Pour certains individus, dont la part dans le revenu national diminue, l'effet net de la mondialisation et des délocalisations peut être négatif, même si l'effort global est positif pour le pays. Rien n'assure que les emplois gagnés dans les secteurs innovants compenseront ceux perdus dans les secteurs abandonnés.

« Et quand bien même la croissance générée par le recours aux délocalisations permet aux travailleurs concernés de retrouver à terme un emploi grâce à un marché du travail suffisamment fluide, rien ne garantit à ces salariés de retrouver une rémunération équivalente à celle qu'ils percevaient, sauf à accroître significativement leur qualification. Il y a des gagnants et des perdants et souvent en fait des perdants[85]. »

Le poids de la fiscalité en France

Une étude réalisée en 2005 par McKinsey France pour cette mission d'information détailla le « retour sur délocalisation ». Elle révélait que la France et l'Allemagne sortaient perdantes des délocalisations, alors que les Etats-Unis parvenaient à un bilan positif : pour un euro délocalisé, la France et l'Allemagne rapatriaient respectivement 0,86 euro et 0,74 euro, tandis que les Etats-Unis regagnaient entre 1,14 et 1,17 dollar par dollar délocalisé.

Un autre rapport réalisé pour le Conseil d'analyse économique par Christian Saint-Etienne et Jacques Le Cacheux souligne un autre handicap français : le poids de la fiscalité. « Comment, écrivent les auteurs, peut-on développer une économie de la connaissance en taxant beaucoup plus les acteurs de cette économie (chercheurs, managers, capital-risques) qu'en Suède, au Royaume-Uni et aux Etats-Unis et en ayant dans les entreprises un effort de recherche et développement égal aux deux tiers de l'effort américain et à la moitié de l'effort suédois[86] ? »

Selon les données d'Eurostat, le poids total des prélèvements obligatoires en France était évalué à 43,4 % du PIB en 2004 (il tourne aujourd'hui autour de 49 % selon certains économistes, dont Thomas Piketty) contre 39,6 pour l'Europe des 15 et 39,3 pour l'Europe des 25.

Cela démontre à quel point la « stratégie de Lisbonne », adoptée en 2000, qui accordait la priorité à l'innovation, était vouée dès le départ à l'échec.

Dès 2003 et 2004, la Commission européenne soulignait que l'Europe était en train de « rater le coche » de la révolution biotechnologique et qu'il en serait de même dans le domaine des nanotechnologies.

Les Etats membres pénalisent, sur leurs territoires, la recherche et le développement, ainsi que l'enseignement scientifique. Un constat qui renforce la crédibilité des prévisions de Fogel sur la disparition à court terme de l'Europe comme acteur de premier plan. Ses dirigeants sont dépourvus de toute vision de l'avenir et semblent n'avoir aucune conscience de leur précarité actuelle.

L'Europe ne gère aucun des problèmes de fond qui pourtant la mine. La gravité des délocalisations, leur impact sur les économies nationales, ne font l'objet d'aucune étude globale ni stratégie coordonnée. Tout comme la volonté politique et l'effort financier ont été absents pour élaborer une politique commune de recherche.

L'Europe semble devenue impuissante à créer des emplois et s'empresse de détruire ceux qui existent. Sous l'effet de la crise, le rythme des délocalisations s'accélère alors que les exportations mondiales diminuent. Pis, nos investisseurs choisissent de placer leur épargne dans les pays émergents plus rentables. Et ces derniers utilisent de plus en plus leurs gains et cet argent qui fuit l'Europe et les Etats-Unis pour le renforcement de leurs économies et l'accroissement de leur demande intérieure.

Chapitre 11

La première entreprise mondiale accélérait les délocalisations en Chine

Des 189 millionnaires britanniques qui moururent entre 1859 et 1879, au minimum 70 %, selon l'historien Eric J. Hobsbawm, « avaient derrière eux une ou plusieurs générations de parents nantis, dont plus de la moitié était des propriétaires fonciers[87] ».

Aux Etats-Unis, ceux qui parvenaient au sommet de la réussite économique et financière le devaient à leur énergie et à leur âpreté. Ils avaient le sentiment de représenter mieux que tout autre les Etats-Unis.

Ce fut le cas à la fin du XIXe siècle pour John Rockefeller, et à la fin du XXe pour Sam Walton qui édifia en moins de vingt années avec Wal-Mart le plus puissant empire mondial de la grande distribution. Et également le plus rentable.

Si Walton avait manifesté plus d'intérêt pour l'histoire, il aurait pu affirmer, paraphrasant la formule célèbre, qu'il régnait sur un « monde où le soleil ne se couchait jamais » ! En effet, pendant que les consommateurs américains dormaient, les travailleurs des usines chinoises fabriquaient les produits à bas coût écoulés à travers les 7 000 magasins répartis sur le territoire américain mais également dans 17 autres pays.

Sixième partenaire commercial de la Chine

Wal-Mart dont les enseignes peuplent l'Amérique profonde symbolise mieux que toute autre entreprise l'usage pervers qui a été fait de la mondialisation. Et des délocalisations.

Plus de 15 % de toutes les exportations chinoises vers les Etats-Unis sont destinées à Wal-Mart qui se classe au sixième rang mondial comme partenaire commercial de Pékin devançant la Grande-Bretagne, la Russie et l'Allemagne.

Sam Walton avait inventé un slogan cynique qui s'affichait dans tous ses magasins : « Achetez américain », alors que plus de 60 % de tous les produits exposés à travers les rayons viennent de Chine. Wal-Mart est devenu un groupe si puissant et si riche qu'il vend annuellement pour 350 milliards de dollars de marchandises, plus que les géants Exxon-Mobil, General Motors, General Electrics réunis.

Pourtant Sam Walton, à la tête de la deuxième fortune mondiale derrière Bill Gates, continuait d'afficher, devant les journalistes, des goûts simples et parcimonieux qu'il semblait avoir érigés en vertus.

Je l'avais rencontré, à la fin de sa vie, dans la petite localité de l'Arkansas où il vivait. Il portait une veste et un pantalon en jean et il m'avait promené à bord d'un vieux pick-up. Le milliardaire au visage mince et aux traits durs faisait tout pour ressembler à l'humble quincaillier d'un petit village américain et s'exprimait en sentences brèves qui ressemblaient à des formules soigneusement calibrées. Quand je l'avais interrogé sur les ressorts de son incroyable réussite, il avait répondu : « Ce ne sont pas les hommes qui gagnent mais des équipes. »

Des propos ambigus. Il avait créé au sein de son groupe une véritable culture d'entreprise mais, pour lui, les employés comme les produits devaient être le plus rentable possible en étant payés au moindre coût.

En exigeant de ses fournisseurs les prix les plus bas, la « première entreprise mondiale » comme ses dirigeants se plaisent à la qualifier, a contraint un grand nombre d'entre eux à fermer leurs usines sur le territoire américain et à délocaliser. Wal-Mart, plus que toute autre entreprise a accéléré le transfert d'emplois américains vers des pays à bas salaires, au premier rang desquels, la Chine.

Le consommateur contre le salarié

Le magazine d'information Frontline, diffusé par la chaîne américaine PBS s'était livré à une enquête exhaustive sous le titre : « Wal-Mart est-il bon pour l'Amérique[88] ? » Il prenait en exemple la population de Circleville, une petite ville de 13 000 habitants dans l'Ohio.

La principale source de revenus était une usine de RCA fabriquant des téléviseurs. Les conditions d'emplois étaient bonnes, les salariés bénéficiaient de rémunérations correctes et de nombreux avantages. Mais en 2003, RCA Thomson Consumer Electronics perdit la plupart de ses contrats de production et dut fermer l'usine, licenciant les 1 000 employés. Frontline révélait que le groupe avait délocalisé en Chine pour, soulignait le commentaire, « satisfaire les consommateurs américains qui peuvent ainsi acheter quotidiennement, dans leur Wal-Mart local, des produits manufacturés à bas prix, qu'il s'agisse de vêtements ou d'électronique ». Le consommateur était devenu l'adversaire du salarié.

Depuis l'enquête de Frontline, de nouvelles perspectives d'emplois se sont offertes aux chômeurs de Circleville. A proximité de leur usine à l'abandon, Wal-Mart a ouvert un magasin et recherche des employés, mais à des conditions de rémunérations bien inférieures à celles pratiquées autrefois dans l'usine RCA.

Un racket sur l'argent public

Malgré des revenus huit fois supérieurs à ceux de Microsoft, la rapacité des dirigeants du groupe reste sans limites. Ils ont détruit l'emploi aux Etats-Unis mais mettent à contribution l'Etat et les contribuables américains, contraints de payer pour leurs employés trop mal rémunérés.

Ces « travailleurs pauvres » ont fait l'objet d'une enquête accablante réalisée par le groupe démocrate au sein du comité de la Chambre des représentants pour l'Education et le Travail. Elle a conclu que bon nombre de salariés de Wal-Mart sont si mal payés qu'ils ont droit à l'aide gouvernementale pour les plus démunis, malgré un système de protection sociale pourtant peu réputé pour sa générosité. Selon les calculs effectués, le gouvernement fédéral américain (et donc les contribuables) dépense notamment pour deux cents employés de Wal-Mart 108 000 dollars par an pour les frais de santé aux enfants, 125 000 dollars en crédits et déduction d'impôts, 42 000 dollars pour une aide au logement.

Le rapport conclut que ces deux cents employés de Wal-Mart coûtent annuellement aux contribuables un total de 420 000 dollars soit 2 103 dollars par employé[89].

En 2004 – le nombre d'employés a depuis augmenté –, les 1,2 million de salariés du groupe nécessitaient une aide annuelle de l'Etat fédéral qui se montait à 2,5 milliards de dollars.

Ce véritable racket sur l'argent public est également pratiqué au niveau des Etats. En 2003, les habitants de Californie finançaient annuellement à hauteur de 20,5 millions de dollars les frais médicaux des employés de Wal-Mart. En Georgie, dix mille enfants de salariés des magasins bénéficiaient du programme officiel destiné aux enfants nécessiteux.

Dans plusieurs Etats américains la concurrence de Wal-Mart a eu des effets destructeurs sur l'emploi. Des groupes concurrents ont obligé leurs employés à accepter des baisses sensibles de salaire. Un vendeur chez Wal-Mart était payé 8,50 dollars l'heure, ce qui équivaut à un revenu annuel de 14 000 dollars, soit 1 000 dollars au-dessous du seuil de pauvreté défini officiellement pour une famille de trois enfants.

Pour un emploi analogue, un employé de la chaîne rivale Safeway touchait 13 dollars l'heure plus une couverture santé. Simon Head, qui qualifie le groupe fondé par Sam Walton de « Léviathan », ajoute que « l'exploitation des travailleurs pauvres était désormais une stratégie centrale du monde des affaires, favorisée par les firmes les plus puissantes et connaissant la meilleure réussite[90] ».

Les contribuables ont financé pour un milliard de dollars

Au troisième trimestre 2010, le groupe a annoncé un bénéfice en hausse de 9,3 % à 3 446 milliards de dollars. Malgré un chiffre d'affaires décevant.

Wal-Mart contrôle les deux pôles extrêmes de la mondialisation, qui sont la production et la vente, en exigeant une productivité sans cesse accrue et en pratiquant une compression impitoyable des coûts, y compris salariaux. Cet effet « Wal-Mart », ainsi qualifié par plusieurs économistes, se généralise. L'épisode des informaticiens américains prêts à travailler pour l'équivalent du salaire versé à un Indien en est l'illustration.

Sam Walton avait eu l'idée de génie d'implanter ses magasins dans des petites villes, délaissées par la concurrence, mais qui constituaient des marchés stables et réguliers. Son groupe exigeait aussi que les municipalités où ils s'implantent financent le développement des magasins.

Le consommateur qui croit acheter bon marché est également le contribuable qui contribue à renforcer la prospérité du groupe en le subventionnant.

Selon une étude de la centrale syndicale ALF CIO, « au cours des vingt dernières années les contribuables américains ont financé à hauteur d'au moins un milliard de dollars les magasins et centres de distribution Wal-Mart répartis à travers le pays[91] ».

Aujourd'hui, les quatre héritiers de Sam Walton sont classés parmi les vingt personnes les plus riches de la planète. Christy Walton : 22,5 milliards de dollars ; Jim Walton : 20,7 milliards de dollars ; Alice Walton : 20,6 milliards de dollars ; Robson S. Walton : 19,8 milliards de dollars. Une fortune bâtie sur des millions d'emplois détruits et délocalisés pour fabriquer des produits aux coûts réduits.

La pression accélère les délocalisations

Wal-Mart et la Chine forment aujourd'hui une véritable *joint venture* mais le rapprochement entre ces deux univers illustre à merveille la trajectoire empruntée par les acteurs de la mondialisation.

Sam Walton avait ouvert dès 1981 une centrale d'achat à Hong Kong, puis à Taiwan. Il se rapprochait de la Chine avec un mélange de prudence et de fascination. « Il ne voulait pas apparaître directement comme commerçant avec la Chine communiste », confie un de ses proches.

La répression de la place Tien An Men, menée en 1989 par Deng Xiaoping, l'artisan de l'ouverture économique, aviva ses craintes. Il ne s'indignait pas le moins du monde que les aspirations démocratiques soient réprimées mais redoutait que ses magasins soient boycottés.

Une crainte vite dissipée quand les entrepreneurs occidentaux découvrirent que la Chine était devenue la plus gigantesque zone de production à faible coût au monde.

Avec les années, les six mille fournisseurs chinois de Wal-Mart se plièrent au cahier des charges strictement fixé par le groupe, qui contrôlait l'ensemble du cycle de vie et d'élaboration de chaque produit.

Ses fournisseurs américains n'avaient pu s'adapter et la plupart avait fermé leurs usines et délocalisé en Chine où ils espéraient à nouveau bénéficier du label Wal-Mart. Ils délocalisèrent non seulement la production mais aussi le marketing, puisque ce groupe passe commande de produits correspondant aux goûts de ses clients mais en contrôle le design, le développement et la production. Selon les analystes du secteur de la grande distribution, la pression exercée par Wal-Mart incite un nombre toujours croissant de fournisseurs américains à délocaliser en Chine.

Un véritable tsunami

Le grand perdant à coup sûr demeure le salarié. J'ai observé que les profits record affichés par de nombreuses entreprises, coïncidaient souvent avec des fermetures d'usines et des délocalisations. Initiatives presque toujours saluées à la hausse par les marchés boursiers.

L'effet Wal-Mart sur l'ensemble des secteurs de l'économie américaine ressemble à un véritable tsunami. Ses exigences ont non seulement contraint de nombreuses entreprises à licencier et délocaliser mais elles poussent inexorablement les salariés américains, victimes de ces restructurations, vers le secteur des services mal payés ; à l'image de la majorité des 1,9 million d'employés de Wal-Mart.

Au moment même où le phénomène des délocalisations tire nos sociétés vers le bas et accentue leur déclin, le contribuable occidental devient l'espèce la plus maltraitée.

Un nouveau rapport de force

Mais un nouveau rapport de force illustre les graves conséquences des délocalisations et le virage pris par la mondialisation. Le véritable règne sans partage de Wal-Mart sur les entreprises chinoises semble toucher à sa fin.

Désormais il doit faire face à l'émergence des groupes puissants qui commencent à contrôler des secteurs entiers de l'économie nationale. Habitué à imposer son diktat il lui faut composer avec ces partenaires « prêts à montrer leurs muscles ».

Ces interlocuteurs n'ont plus l'intention d'être relégués à un rôle d'exécutants de second plan. Ils exigent d'être traités en égal et ne veulent plus demeurer des secteurs d'assemblage, mais participer directement à l'élaboration et au développement des produits.

Selon un observateur travaillant en Chine, « un changement radical est en train de se produire ». Là encore, les mâchoires du piège chinois sont peut-être en train de se refermer sur le groupe américain. Il lui sera quasiment impossible de trouver ailleurs des fournisseurs capables de répondre à l'ampleur de ses besoins avec le même degré d'efficacité et de qualité.

Là encore, le « traité inégal » imposé par Wal-Mart se retourne contre lui et à l'avenir ce sont peut-être les entreprises chinoises, devenues incontournables, qui dicteront leur loi et exigeront une part accrue des profits réalisés par le groupe. Quand un des deux partenaires importe chaque année pour 20 milliards de dollars de produits, sans autre alternative envisageable, est-il toujours le maître du jeu?

Une entreprise mondialisée et autarcique

Il faut se rendre à Bentonville, la localité qui fut le lieu de naissance du groupe et abrite toujours son siège social, pour mieux comprendre ce qui a fait sa force et constitue aujourd'hui un « aveuglement mortel ». Il s'agit d'une petite localité de l'Arkansas, un des Etats du sud les plus reculés, ignoré jusqu'à l'arrivée à la présidence des Etats-Unis de son ancien gouverneur, Bill Clinton.

Wal-Mart a tissé à travers la planète une logistique d'une ampleur et d'une efficacité sans équivalent. Mais cette société, devenue un rouage essentiel de la mondialisation, est restée, dans la mentalité de ses dirigeants une entreprise provinciale et rétrograde, indifférente paradoxalement au monde extérieur. Elle constitue l'exemple unique d'une entreprise tout à la fois « mondialisée et autarcique ».

Indifférente à l'intérêt général, elle a détruit des pans entiers de l'emploi aux Etats-Unis ; avec la même indifférence, elle sous-paye ses salariés et méprise toutes les règles sociales. Le procès Duke contre Wal-Mart en est un exemple frappant. Il symbolise les discriminations en matière d'emplois dont sont victimes les femmes. Chez Wal-Mart elles sont payées en moyenne 20 % de moins que les hommes, et le procès intenté par plusieurs salariées a eu un large écho à travers les Etats-Unis[92].

Là encore, Wal-Mart ne faisait qu'appliquer un fonctionnement lié à ses origines. Quand Sam Walton ouvrit ses premiers magasins, presque toujours en milieu rural, ses employés étaient presque tous des femmes de fermiers acceptant de travailler à des conditions extrêmement modestes, pour assurer un simple salaire d'appoint à leur famille. Au fil des ans, le groupe a prolongé cette politique en proposant une rémunération inférieure à tous ses concurrents.

Une enquête réalisée en 2006 révélait que 50 % des salariés embauchés par Wal-Mart démissionnaient au bout d'une année. Cette indifférence aux conditions de vie de ses propres salariés et de ceux de ses fournisseurs chinois avait assuré son succès, mais commence aujourd'hui à fragiliser un groupe dont de nombreux observateurs décrivent son fonctionnement comme « scandaleux ».

Pendant la campagne présidentielle, Barack Obama avait violemment blâmé Hillary Clinton pour avoir accepté de siéger à la direction de Wal-Mart.

« Moi, avait-il ajouté sèchement, je ne vais pas y faire mes courses. » Ses propos relevaient de la démagogie. Sa femme, Michelle, siégeait au conseil de direction de Treehouse Foods, une des filiales de Wal-Mart, dont elle démissionna au moment de l'élection de son mari.

Chapitre 12

La Silicon Valley délocalisée

Depuis trois siècles, le centre de gravité du pouvoir se déplace vers l'ouest. A la suprématie britannique du XIXe siècle s'est substituée celle des Etats-Unis et notamment de l'est du pays. Puis, au milieu des années 1970, l'influence politique et économique se déplaça vers l'ouest. Pas seulement en raison du déclin des grands secteurs d'industrie traditionnels. Dans une Amérique qui paraît à cette époque rongée par le doute et se remet à peine de la guerre du Vietnam et des assassinats de Martin Luther King et Robert Kennedy, le plus important des Etats de l'Ouest, la Californie, se renforce dans ses certitudes, souvent jugées arrogantes.

Quand Ronald Reagan fut élu en 1967 gouverneur de la Californie avant de devenir, en 1980, président des Etats-Unis, l'Europe, stupéfaite, découvrit le conservatisme d'un pays qui l'avait toujours été.

Tocqueville exprimait déjà cela en ce jugement sévère : « On dirait qu'en Amérique les esprits ont tous été formés sur le même modèle, tant ils suivent les mêmes voies. »

Herman Kahn, le directeur du Hudson Institute, surnommé le « Clausewitz de l'ère nucléaire », avait acquis influence et renommée en élaborant la « doctrine de la riposte graduée », puis en imaginant les quarante-quatre échelons de la future guerre mondiale. Selon lui, en véritable docteur Folamour, un « conflit nucléaire pourrait différer des guerres passées, en degré, mais pas dans sa forme ».

Je l'avais rencontré juste après l'entrée de Reagan à la Maison-Blanche, et il avait eu cette remarque stupéfiante : « Je suis plus optimiste que jamais sur l'avenir des Etats-Unis. Je ne cesse de répéter que l'Amérique est maintenant une contrée saine parce que les conformistes en reprennent le contrôle et symbolisent l'apparition d'un nouveau consensus conservateur[93]. »

Berceau de la radicalisation ambiguë des années 1960, la Californie devenait la première, dans les années 1980, à opérer un vigoureux coup de barre à droite. Plus de dérive hippie, elle s'orientait désormais vers les secteurs productifs. Face au déclin industriel et moral de l'est de l'Amérique, elle incarnait alors le sursaut, l'avenir, le goût du succès et l'esprit de compétition.

L'écrivain John Dos Passos soulignait déjà, dans les années 1930, la coexistence de ces deux univers : « L'Amérique des riches et celle des faibles, celle des zones géographiquement prospères et celle des régions en crise. Nous sommes faits de deux mondes irréconciliables. »

Un paradis de l'innovation

Dans la station balnéaire de La Jolla, où il occupait une maison proche de celle où vécut l'écrivain Raymond

Chandler, le philosophe français Michel de Certeau, m'avait fourni d'autres clés.

Professeur à l'université de Californie du Sud, construite sur les hauteurs de San Diego, il parlait en ciselant chacune de ses phrases : « Vous savez, pendant un siècle sur les cartes, on a représenté la Californie comme une île, et c'était une fiction plus réelle que les cartes actuelles. Il y a un isolement de la Californie par rapport à l'ensemble des Etats-Unis, qui est beaucoup plus fort, beaucoup plus radical que la rupture entre la côte Est et l'Europe. De ce point de vue c'est probablement un bon point de départ qui donne le sentiment d'être autonome[94]. »

Pays étrange que la Californie, dont la géographie explique pour une large part l'instinct de survie. Une mince bande de terre entre l'océan Pacifique et cet autre océan qu'est le désert, plus grand et moins franchissable que la Méditerranée. Pour les Californiens, l'est c'est déjà l'Europe : à leurs yeux, la vraie division interne de l'Occident n'est plus l'Atlantique, mais les Rocheuses et ses déserts.

Ce choix d'un nouveau centre de gravité précède l'actuel glissement vers l'Asie de l'économie mondiale. Dans les années 1980 déjà, la Californie vit fascinée par le Japon : un rival économique et un modèle culturel, semblable lui aussi à la Hollande du XVIIe siècle. « Le seul point lumineux, selon Braudel, à une époque où partout l'économie allait mal. Sans ressources, sans matières premières, elle a fini par être maîtresse du monde. »

C'est également la volonté du Japon. Il symbolise le génie de la miniaturisation à un moment où le monde industriel passe de l'ère des dinosaures à celle des insectes. Le zen, la calligraphie y sont des activités requérant les mêmes aptitudes que la création de la puce informatique. On concevra celle-ci et on la fignolera comme un joyau unique. Mais on la reproduira à des dizaines de millions d'exemplaires.

Un bref regard sur l'histoire permet de constater que les révolutions technologiques ne pénétrèrent les consciences qu'au moment où les instruments qui rendirent possible leur essor devinrent familiers.

En 1950, il n'existait pas plus de 1000 ordinateurs recensés à travers les Etats-Unis et presque tous appartenaient aux organismes gouvernementaux ou aux grandes firmes. Pourtant, ils allaient rendre possible la conquête de l'espace, modifier les méthodes de travail et de pensée et même changer les tactiques de combat. Phénomène de société, l'ordinateur individuel, lui, naquit en 1975 et il aurait été impossible d'imaginer un autre lieu de naissance que la Silicon Valley.

A 600 kilomètres au nord de Los Angeles, San Francisco est un monde moins échevelé, plus mesuré, qui a surmonté le handicap du sud : la logistique. Les universités et les firmes, les sociétés et leurs financiers s'emboîtent comme un gigantesque circuit intégré. Un jeu de cubes argentés, garnis de parkings, séparés par des allées de bitume vert. Densité et proximité des firmes rivales. Les employés de la Silicon Valley gagnent des salaires que même l'Amérique leur envie. Un paradis de l'innovation où la mobilité est la règle.

Lorsque je suis arrivé pour la première fois dans cette région, en 1980, le *San Jose Mercury*, principal quotidien de la Silicon Valley, publiait 52 pages d'offres d'emplois. Un choix que même l'influent *New York Times* était incapable d'offrir.

Circuler à travers cette zone c'est découvrir un laboratoire d'individualités créatrices où tous les standards volent en éclat : modes de vie, de travail, d'éducation. Si l'industrie aéronautique avait progressé de façon aussi spectaculaire que celle des ordinateurs, un Boeing 767 coûterait à l'époque 6 000 euros et ferait le tour de la terre avec 20 litres de carburant. Ces progrès correspondraient à peu près à la baisse du prix de revient, à l'augmentation de la vitesse d'exécution et à la réduction de la consommation d'énergie des ordinateurs.

Le secteur médical, comme celui de l'armement ou de la course à l'espace, bénéficie des innovations produites dans ces entreprises de pointe. Ici a été élaboré une structure modèle, un Meccano parfait : des universités prestigieuses, des compagnies ciblées, une population inventive, des investisseurs qui ont le goût du risque. A l'époque, toujours, une entreprise nouvelle se créait chaque semaine, mais le rythme s'est accru.

Dans la fraîcheur de leurs bureaux, à San Fransisco, des sociétés de capital-risque sont prêtes à investir des milliards de dollars dans des projets ou même de simples idées. « Ceci va peut-être vous choquer, me confiera au cours de ce périple un de mes interlocuteurs, mais ici on retrouve l'essence même de l'Amérique, son esprit pionnier. »

Tricher avec les lois du marché

Les entrepreneurs de la Silicon Valley se sont toujours présentés comme les défenseurs les plus intransigeants de la libre entreprise et du respect viscéral des « lois du marché ». Des principes qu'ils ont pourtant allégrement foulés aux pieds quand ils craignaient que leurs intérêts soient menacés.

En 1983, dans le *Wall Street Journal,* une page entière de publicité achetée par le fabricant de microprocesseurs Motorola posait une question : « L'innovation japonaise a-t-elle remplacé la bonne vieille ingéniosité yankee ? »

Le ton était alors à l'escalade entre le Japon et les firmes de haute technologie américaines. Je me rappelle les propos indignés que me tenaient Jerry Sanders, le patron de Advanced Micro Devices, un des concurrents d'Intel : « Ce qui est en question, c'est le respect des règles du jeu capitaliste. Nous sommes trente-trois entreprises privées contraintes de nous battre contre un Etat souverain : le Japon. »

Un pur mensonge. Ces firmes défendent le libre marché uniquement lorsqu'il favorise leurs intérêts. Dans les années 1980, Intel exerça de fortes pressions sur le Congrès des Etats-Unis pour qu'il protège l'industrie des semi-conducteurs de la montée en puissance japonaise. Intel, qui détenait 24 % du marché japonais, voyait ses positions se dégrader. Les autorités édifièrent un véritable mur fait de subventions et de quotas.

Ces responsables qui recherchent la protection des pouvoirs publics sont les mêmes qui, aujourd'hui, soulignent la férocité de la compétition mondiale et déclarent aux travailleurs que leurs emplois ne sont pas garantis.

Un monde idéal

Les offres d'emplois dans les journaux sont un excellent indicateur des besoins et des tendances du marché. Au début des années 1990, la plus grande partie des annonces contenues dans le *Los Angeles Times* avaient trait au secteur des services hautement qualifiés. Un supplément du journal, à la même époque, révélait que les cent premières entreprises de Californie du Sud opéraient toutes dans des secteurs à forte valeur ajoutée. Ces classements ne prenaient même pas en compte le nord de la Californie, San Francisco et la Silicon Valley.

Si vous compariez ces annonces avec les chiffres et la nature du chômage qui touchait le sud de la Californie, vous arriviez à un constat simple. Les emplois perdus l'avaient été dans les secteurs industriels classiques et les demandeurs d'emplois n'étaient tout simplement pas qualifiés pour les nombreux postes qui étaient offerts. Mais pour la génération suivante, l'avenir semblait évident et heureux : se spécialiser dans les industries de pointe où les Etats-Unis détenaient une avance écrasante.

Cette région était pourtant dépourvue au départ de tout atout : un million d'hectares de vergers, dans les années 1920, la seule ressource que la Californie peut opposer à la puissance industrielle triomphante de l'est et du nord du pays : la physionomie d'une économie du tiers-monde. Condamnée au développement ou à l'inexistence, c'est du manque que va naître sa force, du défi qu'elle tirera son prestige, de la misère qu'émergera son luxe. La Californie au milieu des années 1930 est celle des « raisins de la colère » où des colonies de chômeurs affamés et leurs familles errent à travers l'Etat.

Soixante ans plus tard, 90 % de tous les hommes de science ayant travaillé depuis le début de l'humanité vivent au XXe siècle, et 60 % d'entre eux se trouvent en Californie. Un prix Nobel sur trois vit sur l'axe Los Angeles-San Francisco-San Diego.

Dans sa minuscule maison de bois, au bord de l'océan, au milieu de son salon décoré de bibelots chinois, un vieil homme de plus de quatre-vingts ans, Frederick Terman, m'avait expliqué comment, dès 1925, il avait imaginé créer en Californie une « république des savants ». « L'alliance du pouvoir et du savoir, m'avait-il déclaré vêtu d'un pantalon de toile et d'une chemise bleue. Le secret en était simple : le mariage de la science et de l'économie[95]. »

Les entreprises de pointe vont éclore. On a alors le sentiment qu'il s'agit de la plus fascinante des conquêtes pacifiques : la prise du pouvoir économique par l'intelligence scientifique.

Il n'existe alors ni chômage ni délocalisations et la trajectoire du monde paraît clairement tracée : des industries nouvelles vont façonner un monde nouveau et le déclin industriel du pays ne doit pas être perçu comme un drame, mais plutôt comme une opportunité. Malheureusement ce scénario, à l'époque idéal, ressemble désormais nous le verrons à celui d'un film catastrophe.

Un univers en désarroi

Vingt-cinq ans plus tard, cet univers qui survolait les crises semble en plein désarroi. L'esprit pionnier a indiscutablement disparu et le ver est dans le fruit.

Le chômage atteint désormais plus de 8 % alors qu'il suffisait pendant longtemps de traverser la rue en quittant son entreprise pour être embauché par un concurrent.

Le Meccano si parfaitement huilé ne fonctionne plus parce que les financiers cessent de croire en la validité du système. Ils pensaient que la spécificité de la

Californie et de la Silicon Valley tenait au fait qu'elle constituait la dernière frontière à l'ouest. Ces hommes qui se flattent pourtant de penser l'avenir et d'avoir accéléré le rythme du monde post-industriel ont été pris de court, eux aussi, par l'incroyable montée en puissance de l'Inde et de la Chine.

Ils ont jaugé puis vaincu le Japon et ont désormais compris que la nouvelle frontière à l'ouest se trouvait à Bombay et Bangalore, à Shanghai et à Dalian, que le monde venait de clore un épisode ouvert deux siècles auparavant en réattribuant à la Chine et à l'Inde le rôle majeur qui leur avait été confisqué. Dès les années 1980, alors que la confrontation avec le Japon était à son comble, le commerce de la Californie avec les pays de la zone Pacifique représentait déjà les deux tiers de ses échanges.

Aujourd'hui, fait plus grave, ce sont les capitaux qui fuient. San Jose, cœur de la Silicon Valley, détenait encore en 2000 le meilleur niveau d'emplois du pays. Deux ans plus tard, le chômage atteignait 8,5 %. Aujourd'hui les sociétés de capital-risque californiennes investissent sur des projets à condition que les start-up soient implantées en Inde, éventuellement en Chine. Le retour sur investissement d'une telle démarche peut atteindre jusqu'à 30 % par an, « alors que de plus en plus souvent, souligne un financier, les start-up qui se développent aux Etats-Unis restent dans le rouge ».

Craig Barret, le président d'Intel jusqu'en 2009, firme qui contrôle 83 % du marché mondial des microprocesseurs, résume sans fard le nouveau paysage en train de se dessiner : « Des entreprises se créeront toujours dans la Silicon Valley, mais elles ne créeront plus d'emplois. » Fin d'un monde.

Le maillage serré qui pendant des décennies a assuré le succès de cette région est donc en train de voler en éclat. Et le consensus qui l'entoure aussi : le père de la puce Pentium, l'Indien Vinod Dham, a lancé une société de capital-risque qui prévoit que toutes les entreprises dans lesquelles il investira seront systématiquement délocalisées. Seuls les dirigeants resteront en Californie.

Plus de 32 000 Indiens ayant travaillé aux Etats-Unis dans les secteurs de haute technologie sont retournés en Inde. Et tous affichent la satisfaction de posséder une meilleure qualité de vie.

La Silicon Valley n'est plus une terre sacrée

En 1969, associé à Gordon Moore, Robert Noyce créa Intel. « Pourquoi ce nom ? », lui demandai-je vingt ans plus tard. Eclat de rire. « Parce que le mot intelligence était trop long. » Dans l'équipe fondatrice, Noyce était le véritable leader. Tant qu'il resta président de la firme, il continua de s'installer ponctuellement chaque matin à huit heures dans le même bureau que le plus modeste de ses employés. Intel, aux yeux de tous, était une réussite exceptionnelle, la plus audacieuse et la plus innovante des entreprises en haute technologie.

Dans les années 1980, elle produisait 30 % du marché mondial des semi-conducteurs. Désormais elle en contrôle 83 %. A sa création, elle recoupait le nouveau paysage social et industriel de l'Amérique qui tenait en quelques chiffres saisissants : entre 1930 et 1956, la population active aux Etats-Unis avait augmenté de 50 % ; durant le même laps de temps, le nombre des ingénieurs, lui, avait progressé de 37 % et celui des scientifiques de 93 %.

Les besoins sans cesse plus importants allaient suffire à assurer une croissance continue de l'ordinateur pendant les trente années à venir. Dès 1970, il était clair que le monde industrialisé, alors qu'il se préparait à accéder au troisième millénaire, était incapable de survivre sans l'aide de l'informatique. Une évidence s'imposait, soulignée par l'historien britannique Christopher Evans : « L'entrée en scène des ordinateurs ne découle pas d'un choix esthétique – ceux-ci sont essentiels à la survie d'une société complexe, au sens où la nourriture et les vêtements étaient jadis indispensables à une société moins évoluée. »

Du Middle West à l'Inde

La puce était le cœur de la révolution informatique. Dans cette course à la miniaturisation où, selon la « loi de Gordon Moore », le nombre de composants contenus dans une puce double tous les 18 mois, il était, au milieu des années 1980, de 450 000 transistors. Il dépasse aujourd'hui le milliard.

Robert Noyce était un homme du Middle West, un pur produit de l'Amérique profonde rurale, où les écoliers conduisaient des voitures et des tracteurs dès l'âge de douze ans. Intel s'installa à Mountain View près de Palo Alto, à courte distance de l'université de Stanford.

« En ce début de course à l'espace, se rappelait Noyce, la taille, le poids et la puissance des circuits électroniques étaient des facteurs décisifs. Tous les projets accordaient la priorité à la miniaturisation[96]. »

Mais si sa firme put conserver son avance et sa suprématie, elle le dut, en 1993, à l'avancée révolutionnaire que constitua sa puce Pentium. Une architecture nouvelle et surtout une vitesse deux fois supérieure à celle de ses prédécesseurs, qui fut encore largement augmentée dans les modèles ensuite commercialisés. La puce Pentium permit à Intel de surclasser et distancer irrémédiablement tous ses rivaux.

Cette victoire constituait aussi un symbolique passage de témoin qui préfigurait l'époque actuelle. Robert Noyce, l'homme du Middle West, avait créé Intel. Un émigré indien, Vinod Dham, était le « père » de la puce Pentium. Cet homme né en 1950 confie : « Travailler pour Intel est la chose la plus importante qui soit arrivée dans ma vie, mais quitter Intel est l'autre événement le plus important. »

Le récit de son parcours résume tous les handicaps que cumulait l'Inde dans les années 1970. Il naquit à Puné, devenu, avec Bangalore, un des centres de la haute technologie indienne. « Mais rappelle-t-il, quand je suis sorti diplômé, en 1971, à l'âge de vingt et un ans, il n'existait dans toute l'Inde qu'une seule entreprise de semi-conducteurs. Et quand j'ai décidé, en 1975, de poursuivre mes études aux Etats-Unis, je suis parti avec 8 dollars en poche, le montant autorisé par le gouvernement pour les voyages à l'étranger. En tant qu'étudiant j'aurais pu obtenir 20 dollars supplémentaires en effectuant une demande auprès de la Banque centrale indienne. Mais l'Inde à cette époque était un pays si corrompu qu'il aurait fallu que je paie quelqu'un pour obtenir ces 20 dollars. Alors j'ai refusé. Et sur le vol qui me conduisait aux Etats-Unis, j'ai eu la chance de sympathiser avec une hôtesse qui m'a avancé 125 dollars, en attendant que je touche mon premier salaire de 325 dollars comme assistant en recherche. Je l'ai remboursée à raison de 25 dollars par mois, sans intérêts. Elle m'a sauvé[97]. »

Pour cet homme imprégné des deux cultures, la Silicon Valley n'est plus désormais une terre sacrée. Il a créé une société de capital-risque et les projets de sociétés qu'il finance sont développés en Inde.

La nouvelle fuite des cerveaux

De nombreux cadres chinois et indiens ont fait carrière dans de grandes entreprises occidentales avant de regagner leur pays. Et ce phénomène nouveau revêt une portée considérable.

Depuis la décolonisation et les indépendances qui suivirent, la « fuite des cerveaux » fut une entrave majeure à la croissance des pays en développement. Des régimes aux revenus modestes finançaient les études de leurs plus brillants étudiants, dans les universités européennes ou américaines, et ensuite ceux-ci préféraient rester exercer sur place, faute de débouchés dans leur pays. Cet apport gratuit de compétences fut un atout important, mais injuste pour les pays occidentaux.

Le renversement de tendance conduit ces derniers à vivre aujourd'hui une véritable hémorragie, lourde de conséquences en terme de dynamisme et d'innovation, une tendance encore aggravée par les choix des sociétés de capital-risque de délocaliser les projets conçus en Californie.

La situation actuelle est un véritable retour de balancier. Dans les années 1980, l'Europe et les Etats-Unis avaient connu une première migration avec le départ de leurs industries lourdes. Aujourd'hui, ce sont trois vagues successives qui migrent, en rafale : les industries de pointe mais aussi la finance et la matière grise.

Ce n'est pas seulement notre savoir-faire que nous exportons mais aussi nos capitaux qui fuient vers les pays émergents. L'Europe et les Etats-Unis sont devenus des régions sans épargne, ni moyen financier et l'absence de reprise resserre encore l'étau et aggrave la situation. La crise a accentué le déclin croissant de la productivité au sein des pays de l'OCDE et les délocalisations aggravent cette tendance.

« Je me rappelle l'Inde des années 1980, confie un universitaire en poste à Bombay. Nous étions une terre d'émigration pour les diplômés hautement qualifiés. Tous rêvaient de partir aux Etats-Unis ou en Europe. Maintenant la tendance s'est totalement inversée. Et notre croissance notamment dans les produits de haute technologie est fortement dopée par la demande intérieure, plus importante qu'en Chine. La demande crée l'offre. »

Bangalore n'est pas le seul pôle de croissance pour les domaines de la haute technologie. Hyderabad se développe aussi rapidement et, à 150 kilomètres de Bombay, Puné abrite le siège de plusieurs grandes entreprises tournées vers l'exportation. Notamment la branche informatique du groupe Tata, qui a révélé au monde ses ambitions et sa puissance financière en proposant, en 2004, un milliard de dollars en cash pour une offre publique d'achat.

De nombreuses firmes indiennes dans les secteurs de pointe sont devenues beaucoup plus performantes que leurs rivales européennes et américaines et gagnent de rapides parts de marché dans ces deux zones. Face à cette concurrence la seule réplique adoptée par les firmes occidentales est encore une fois d'accélérer le rythme des délocalisations et d'adopter les modèles d'organisation et de production indiens pour réexporter les productions sur leurs marchés nationaux.

Il y a plus de vingt ans, des firmes comme IBM ou General Motors témoignaient d'une telle arrogance dans la supériorité de leur système de management qu'elles le reproduisaient à l'identique, en n'importe quel point du monde. C'était un véritable « clonage » selon le terme de Suzanne Berger, et toute une gamme de fournisseurs et sous-traitants locaux gravitaient autour de ces entreprises délocalisées pour leur apporter les compétences exigées. Le monde actuel s'est « désoccidentalisé » avec une rapidité que nous ne semblons pas avoir réellement évaluée.

Des délocalisations irresponsables et suicidaires

Face à cette stratégie occidentale, les Japonais sont aujourd'hui plus prudents. Peut-être parce qu'en délocalisant les premiers en Chine dans les années 1980-1990, ils en ont compris les limites et les dangers.

Premier choix, s'efforcer de garder à tout prix dans l'archipel une grande partie de la production. Selon la confidence d'un dirigeant, s'il licenciait certains employés il lui deviendrait impossible de garder les meilleurs ou d'en recruter de bons. Perdre des ouvriers qui comprennent si bien le fonctionnement de l'entreprise reviendrait à perdre des ressources précieuses et irremplaçables.

Et puis il y a ce sentiment, exprimé en privé à Tokyo, que la Chine est devenue un adversaire « dangereux » et « dénué de scrupules ». Un jugement assez savoureux venant de la part d'industriels japonais puisque c'était pratiquement mot pour mot celui porté à leur encontre par les Occidentaux lorsqu'ils évoquaient la menace japonaise dans les années 1980.

Les hommes d'affaires nippons que j'ai rencontrés jugent « irresponsables » l'ampleur des délocalisations opérées par les entreprises américaines et européennes, et « suicidaires » le transfert des activités de recherche et de développement en Chine et en Inde.

Les conséquences de ces choix sont d'ores et déjà dramatiques aux Etats-Unis, et la tendance s'amplifie également en Europe. Les universités américaines, comme Stanford, Caltech, Berkeley, Harvard et d'autres, constituaient des lieux d'excellence où l'on façonnait une population inventive, des diplômés de sciences et de management.

Frederick Terman, l'homme qui avait imaginé la Silicon Valley, m'avait déclaré : « Université vient d'un mot latin qui désignait aussi l'entreprise et longtemps le monde du travail et celui de la connaissance coopérèrent étroitement. Puis le monde de l'éducation chercha de plus en plus nettement à prendre ses distances avec celui de l'industrie. Après une longue et préjudiciable période d'obscurantisme, les deux cercles semblent enfin s'être rejoints au point d'origine où industrie n'était qu'un, où entreprise et université poursuivaient le même but. A tous les étudiants que je rencontre, avait-il conclu, je répète : vous avez le choix, vous ne devez pas douter de vous[98]. »

Le reflux occidental

Ses propos paraissent avoir singulièrement vieillis aujourd'hui. Depuis 2003, sous l'effet des menaces de délocalisations le nombre des étudiants américains qui s'orientent vers les secteurs de l'informatique ou des technologies de l'information a chuté de 40 %. Un trou d'air vertigineux qui est en train de compromettre l'avenir de l'innovation outre-Atlantique.

Les programmeurs de software et les ingénieurs déjà en poste essaient d'identifier les types d'activité qui échapperont aux futures délocalisations pour se spécialiser dans ces secteurs. Une atmosphère démobilisante et déstabilisante pour mener des études et exercer un travail. En termes d'emplois, les disciplines technologiques sont désormais considérées comme précaires par les plus brillants étudiants, chez nous comme aux Etats-Unis. Alors qu'elles constituent un véritable passeport pour l'avenir en Inde et en Chine.

Ces deux pays comblent le fossé qui les sépare des pays développés en maîtrisant également les domaines de l'éducation et de la connaissance. Les cours prodigués dans plusieurs de leurs centres et leurs universités sont comparables en qualité à ceux des meilleurs établissements occidentaux.

Ce reflux occidental s'observe à tous les niveaux. Les leaders mondiaux les plus innovants prolongent une tendance amorcée depuis 2000 : la réduction de leurs dépenses de recherche. C'est le cas pour des géants comme Cisco, Motorola, HP, Dell, Ericsson, et cette tendance se vérifie aussi en Europe.

Les sources de l'innovation se tarissent, mais pas seulement dans le secteur privé. Aux Etats-Unis, les dépenses fédérales en matière de recherche et développement ralentissent de manière tout aussi marquée. Même au sein du Pentagone, le ministère préféré de George W. Bush, qui vit son budget exploser pour atteindre près de 700 milliards de dollars – plus que les budgets militaires de tous les pays de la planète réunis.

Ce ministère a, lui aussi, procédé à des arbitrages. La recherche fondamentale est désormais réduite à la portion congrue, et les recherches à court terme bénéficient d'un sursis précaire.

La désindustrialisation tue l'innovation

Un rapport sur la désindustrialisation de la France, élaboré par Lilas Demmou en 2010, souligne que ce phénomène est beaucoup plus important dans notre pays que dans les autres nations européennes industrialisées[99].

Il évoque les forts gains de productivité réalisés dans le secteur industriel mais aussi la disparition de 20 à 25 % des emplois industriels entre 1980 et 2007 transférés vers le secteur des services. Notamment l'intérim qui, en 2009, a enregistré une perte de 250 000 emplois, soit une chute de 38 % pour l'ensemble des secteurs. « Quand une société a des difficultés, elle se sépare d'abord des intérimaires avant d'en arriver aux CDD, au chômage partiel, puis aux licenciements », confie le responsable d'une société d'intérim.

Un constat qui laisse de côté une autre réalité. L'industrie regroupe les branches de l'agroalimentaire, de l'énergie, des biens d'équipement, des biens de consommation, des biens intermédiaires et de l'automobile. Le secteur manufacturier, lui, se compose de ces quatre dernières branches.

Or, en France, 85 % des dépenses en matière de recherche et de développement, qui garantissent la compétitivité et la force d'innovation, proviennent de l'industrie. Un secteur dont le socle ne cesse pourtant d'être rétréci, sous l'effet des délocalisations notamment.

Si on affine encore cette observation, on fait une autre découverte intéressante.

Aux Etats-Unis, le secteur « manufacturier » ne représente plus que 14 % du PNB américain, sous l'effet des coupes successives. Pourtant 41 % de tous les ingénieurs employés à travers le pays continuent de travailler dans ces secteurs d'activité qui représentent 62 % de la totalité du secteur américain de la recherche et développement et 80 % de tous les brevets déposés annuellement aux Etats-Unis.

Il y a quelque chose de fascinant à observer la persistance du dynamisme dans un domaine d'activité, officiellement considéré comme en déclin et largement éprouvé par les réductions d'effectifs et les coupes sombres.

En dix ans, la part de l'emploi industriel a baissé de 20 % dans l'Hexagone et, dans cette guerre économique qui se joue, les gouvernements successifs en Europe – c'est également le cas aux Etats-Unis – laissent filer les derniers atouts qui leur auraient permis de rester compétitifs sur la scène mondiale.

L'attitude des politiques relève pour une bonne part de la faiblesse mais aussi de l'aveuglement. Pendant des décennies, la recherche et le développement ont été les moteurs de l'innovation et de l'emploi. Et le principal facteur de croissance.

Aujourd'hui, les gouvernements qui ont déjà financé, à travers les aides et les subventions, les destructions d'emplois et les délocalisations, encouragent les responsables d'entreprises à commettre l'irréparable : transférer leurs laboratoires de recherche et développement dans les pays émergents.

La Chine en fait désormais un préalable à la poursuite d'une politique de coopération avec les firmes occidentales. L'Inde également. Or, la sécurité nationale d'un pays et sa compétitivité sont étroitement liées à la supériorité technologique qu'il détient dans les domaines de l'innovation.

Pendant des années, la plupart des entreprises fonctionnaient en une étroite symbiose : les centres de recherche et développement étaient installés à proximité des usines où l'on fabriquait les produits : un équilibre et une synergie garants d'efficacité. Or, les délocalisations de ces usines entraînent également à terme le transfert de la recherche et du développement.

La mondialisation à l'œuvre lamine peu à peu toute idée de souveraineté et nous convainc que nous sommes tous, en quelque sorte, « fondus ensemble ». Une osmose pour un destin commun.

Une vision illusoire. Les hommes qui peuplent cette planète n'ont jamais connu le même destin et, pour l'immense majorité, l'accès à la prospérité leur reste interdit.

Chapitre 13

La folie des délocalisations : au mépris de tous les dangers

Au mépris de la sécurité nationale, l'industrie militaire délocalise

En matière de délocalisation, il existe un secteur hautement stratégique qui fait preuve d'imagination : l'industrie militaire américaine. Grâce à George W. Bush, le budget de la Défense, renforcé encore par Barack Obama, dépasse les 700 milliards de dollars. Un budget qui a plus que doublé depuis 2001.

Un immense pactole qui bénéficie pour une large part aux treize plus gros contractants du Pentagone : Lockheed Martin Corporation, Boeing, General Dynamics, Computer Science Corporation, Health Net Inc., Harris Corporation, Honeywell International, Dyncorp International, Rockwell Collins Inc., Fluor Corporation, Combat Support Associates, Alcom Technology Corporation.

Ces fabricants d'armes et de composants militaires témoignent d'un patriotisme à toute épreuve : tous sans exception pratiquent l'évasion fiscale en logeant leur argent, qui provient accessoirement des contribuables américains, dans des paradis fiscaux comme les îles Caïmans, la Barbade, le Liechtenstein et les Emirats arabes unis.

Dès 2008, le Congrès américain s'est ému d'une situation qui permet à ces géants, totalement subventionnés par des crédits publics, d'éviter non seulement de payer leurs impôts mais également les prélèvements qui permettent de financer le système de sécurité sociale et le programme fédéral de santé.

Le Comité financier du Sénat a rappelé que des milliers de compagnies américaines utilisaient les îles Caïmans comme paradis fiscal et que les seuls perdants, dans cette situation, sont les citoyens ordinaires qui, eux, voient s'accroître le montant des impôts qu'ils ont à payer.

Alors même que les paradis fiscaux étaient mis en accusation par les dirigeants du G20, leur attrait et leur utilisation restaient inchangés pour les compagnies occidentales. Une mondialisation, aux bienfaits tant vantés, qui exprimait là son vrai visage…

Pour l'industrie militaire, garante en théorie de la sécurité nationale, délocaliser son argent restait insuffisant s'il n'était pas possible également de délocaliser la production.

Les services de renseignements de l'armée finirent par découvrir que la fabrication des puces électroniques qui équipaient les avions F16, des têtes nucléaires et des systèmes de défense avait été délocalisée à Taiwan. Là encore, affaires et politiques s'entremêlaient. Le sous-traitant taiwanais avait transféré une partie de cette production hautement stratégique en Chine continentale. Probablement à la suite de pressions exercées par Pékin.

L'affaire remontait au milieu des années 1990 mais les Américains n'en découvrirent la réalité et l'ampleur qu'en 2000.

Les Chinois détenaient un composant stratégique majeur qu'ils s'étaient, bien sûr, empressés de copier. Le ministère de la Défense américain avait soigneusement caché une autre réalité embarrassante : de nombreuses puces fabriquées en Chine et réexportées *via* Taiwan aux Etats-Unis avaient été sciemment piégées et sabotées pour rendre inopérants de nombreux systèmes d'armes américains.

« Pendant des mois, m'a confié un haut fonctionnaire du Pentagone rencontré dans la banlieue de Washington, une équipe d'experts a travaillé dans le plus grand secret à évaluer l'ampleur des dommages. Ils étaient considérables et concernaient aussi bien les fusées que les sous-marins transportant eux aussi des charges nucléaires. D'après le rapport rendu par ces experts, c'était un sabotage d'une ampleur inégalée, habilement conçu et qui, en cas de conflit, aurait paralysé une grande partie de notre système militaire, offensif et défensif. Mais vous savez, ajoute-t-il, ce qui est le plus choquant de tout ? Le fabricant à l'origine de cette vaste affaire n'a été ni inquiété ni sanctionné. Ses produits sont toujours achetés et utilisés par le Pentagone, comme si de rien n'était. »

Premier exportateur d'armes au monde, avec plus de sept milliards de dollars d'équipement vendu chaque année, les Etats-Unis n'ont cessé d'encourager leurs firmes à délocaliser. A l'initiative de l'administration Bush, et notamment des deux responsables du Pentagone, Donald Rumsfeld et son adjoint, le néoconservateur Paul Wolfowitz, les fabricants militaires furent incités à implanter des sites de production à l'étranger.

Pour une raison assez stupide : accroître la compétitivité entre les diverses firmes du secteur de l'armement.

Moins de deux ans plus tard, la Maison-Blanche était informée d'un nouveau problème, lourd de conséquences. En profitant des délocalisations opérées par le fabricant américain, les Chinois avaient mis la main sur l'ensemble de la technologie ultrasecrète utilisée pour la fabrication du bombardier stratégique B-2.

La sécurité ou les affaires

« La confusion est totale, m'affirme un expert militaire. Le gouvernement américain considère de plus en plus la Chine comme une menace, mais le monde des affaires continue à voir dans ce pays une immense opportunité. Un secteur se révèle particulièrement sensible : celui des microprocesseurs, véritables cerveaux des armes dites intelligentes. Tout le monde est d'accord, ajoute cet expert, pour admettre que les coûts de fabrication de ces puces aux Etats-Unis sont trop élevés. Mais, en les délocalisant, les firmes désormais échappent aux contrôles de sécurité. »

Le centre de recherche et développement d'une firme comme Intel en Chine revêt une priorité hautement stratégique. Un mémo parvenu au Pentagone en 2008 révèle que toutes les grandes firmes d'armement américaines se sont installées en Chine et se félicitent des salaires locaux qui sont de 80 % inférieurs à ceux qu'ils payaient à leurs employés américains.

Pékin travaille pour le Pentagone

Mondialisation, délocalisation et espionnage militaire composent désormais un cocktail étonnant. Magnequench était une firme basée à Minneapolis, dans l'Indiana, dont le plus gros client est le Pentagone. Elle fabrique des aimants extrêmement puissants, un composant essentiel pour le système de guidage des missiles de croisières et des bombes JDAM fabriquées par Boeing, celles-là mêmes qui ont été larguées en grande partie sur Bagdad lors de l'invasion de l'Irak.

En septembre 2004, Magnequench a fermé son usine en Indiana, licencié ses 450 salariés et transféré son équipement dans une nouvelle usine installée en Chine. Puis elle a fait de même pour une dernière usine qu'elle possédait à Valparaiso, un nom saugrenu pour une ville située également dans l'Indiana.

Une décision choquante, mais en apparence seulement. En effet, depuis 1995, Magnequench appartient, en sous-main, à deux sociétés chinoises qui l'ont racheté à General Motors, et qui entretiennent des liens étroits avec la direction du parti communiste.

Les produits fabriqués le sont à l'aide de terres rares, ces matériaux stratégiques dont Pékin détient l'exclusivité. Les spécialistes au courant de cette opération pensent que cette compagnie a été ciblée pour permettre à la Chine de progresser rapidement dans le développement de ses missiles à longue portée et, le cas échéant, d'exercer un véritable chantage en matière d'approvisionnement auprès de Washington. Car, et c'est là le plus surprenant, malgré les pressions de plusieurs de ses conseillers, George W. Bush n'a pas demandé au Pentagone de résilier le contrat qui le liait à cette firme, désormais sous contrôle de Pékin. Et il n'a pas davantage utilisé son droit de veto pour empêcher le transfert des usines en Chine comme il en avait le droit, une prérogative dont n'a pas non plus usé son successeur, Barack Obama.

Magnequench constitue une véritable métaphore de la mondialisation. Pour une majorité d'Américains, la perte d'emplois et leur délocalisations sur une terre étrangère symbolise le déclin américain, mais qu'une firme travaillant pour le secteur militaire, constituant un des maillons essentiels de la sécurité nationale, passe entre les mains d'un adversaire potentiel comme la Chine qui licencie les travailleurs américains de ces usines constitue un événement stupéfiant.

Un observateur, paraphrasant un des collaborateurs de Bill Clinton en 1991, lors de la campagne présidentielle, déclara à propos de la fermeture de Magnequench : « Ce n'est pas simplement une entreprise, idiot ! » C'était exact. Il ne s'agissait plus désormais d'un travailleur chinois occupant le poste qui était jusqu'alors celui d'un travailleur américain, mais d'une sinistre abdication des responsables politiques.

Durant sa campagne pour l'investiture démocrate, en avril 2008, Hillary Clinton se rendit devant l'usine abandonnée de l'Indiana où elle déclara : « L'usine fabriquait des aimants qui aident à guider les missiles de précision. Ce sont des fabrications incroyablement sophistiquées, pas du tout le genre que vous trouvez sur un réfrigérateur. Eh bien, une compagnie chinoise l'a achetée et ils ont décidé de transférer la totalité de la société en Chine. Le président a le pouvoir d'opposer son veto à ce type de décision. Ce ne sont pas seulement des emplois qui sont perdus mais aussi le *know how*, la sophistication technique[100]. »

Elle omettait soigneusement de préciser que le rachat de Magnequench par Pékin avait eu lieu en 1995 alors que son mari était président et qu'il n'avait absolument rien trouvé à redire !

Un homme d'affaires confiait : « Si vous restez aux Etats-Unis sans chercher le moyen d'aller produire en Chine, vous aurez perdu votre rang de producteur mondial dans dix ou quinze ans. » Des propos tenus il y a quelques années à l'époque du mirage chinois. Il est sûrement plus réaliste d'exprimer les choses ainsi aujourd'hui : « Allez produire en Chine et dans moins de dix ou quinze ans vous aurez perdu votre rang de producteur mondial ! »

Au mépris de la sécurité aérienne

Les compagnies aériennes américaines, au mépris de toutes les règles de sécurité, délocalisent leurs activités de maintenance et de réparations dans des pays à bas salaires. Une tendance amorcée en 2002 et qui permet de contourner les syndicats et les lois fédérales.

La Federal Aviation Administration, l'organisme public chargé pourtant de veiller au respect des règles de sécurité par les compagnies aériennes, a homologué 700 sites de maintenance et de réparations situés... au Salvador, en Ethiopie, en Chine, au Kenya et en Indonésie. Rien que des pays disposant d'un personnel hautement qualifié et où la sécurité aérienne est, bien sûr, la première des priorités !

Le vice-président d'US Airways a affirmé : « Notre compagnie considère la sécurité comme la première des priorités[101]. » Il aurait pu ajouter, mais il n'a pas osé : et réaliser des économies aussi. La révision d'un appareil, au Salvador ou au Kenya, représente deux tiers d'économie, en coûts de travail, pour une compagnie.

La société Aeroman, au Salvador, est devenue l'une des destinations privilégiées pour les flottes d'US Airways, Jet Blue, Southwest et autres compagnies. Les techniciens effectuent les révisions à partir de manuels qui leur sont remis, écrits en anglais. Petit problème : seule une minorité d'entre eux le lit et le parle.

De nombreux travailleurs opérant sur ce site affirment qu'ils sont soumis à une pression constante pour que la rapidité et le rendement soient leur priorité et non les impératifs de sécurité.

Face à cette dérive, dangereuse pour la sécurité des passagers, l'inspecteur général de la Federal Aviation Administration, affirmait en 2008 : « La FAA ne sait pas combien de sites sont utilisés et où ils ont été délocalisés[102]. »

En termes clairs, l'organisme chargé de contrôler l'ensemble de la flotte aérienne commerciale des Etats-Unis, la plus importante au monde, déclare ignorer où les compagnies expédient leurs appareils, le type des réparations effectuées, et encore plus la qualité de ces réparations.

Le plus curieux c'est que la FAA, qui avoue son impuissance, a distribué 700 autorisations de délocalisations, pour des sites répartis à travers le monde. Ils ferment les yeux et respectent la volonté des dirigeants des compagnies aériennes et de leurs actionnaires de réduire à tout prix les coûts, fût-ce au détriment de la sécurité.

Aeroman, au Salvador, est une des rares destinations contrôlées par les inspecteurs de la FAA. « Mais, soulignent les Salvadoriens, ce ne sont jamais des inspections surprises. Ils préviennent longtemps à l'avance de leur arrivée. » Selon John Goglia, un ancien responsable du bureau de la sécurité du transport, « nous ignorons tout de ce qui se passe dans ces ateliers de maintenance et de réparations délocalisés. Si nous ne les contrôlons pas correctement comment pouvons-nous savoir qu'ils sont sûrs[103]. »

Les compagnies maintiennent une totale opacité sur ces délocalisations qui leur permettent, en plus des économies réalisées, de rester à l'écart de tout contrôle gouvernemental. Grâce, là encore, au licenciement de travailleurs hautement qualifiés aux Etats-Unis.

Louis Uchitelle, un des meilleurs journalistes économiques du *New York Times* a enquêté sur les conséquences d'un licenciement auprès de ceux qui en sont frappés. Au terme de plusieurs années de travail, ses conclusions sont sans appel : ces licenciements font perdre à l'entreprise des travailleurs qualifiés et maîtrisant toutes les procédures opérationnelles de la compagnie. La fermeture d'une entreprise fait disparaître, selon lui, un énorme montant de capital humain. Et pratiquement aucune victime ne retrouvera un emploi aussi bien payé. De plus, ces licenciements, a-t-il observé ne renforcent jamais les compagnies qui les pratiquent. Par contre, elles poussent ceux qui en sont victimes vers une rapide descente aux enfers. Il décrit le cas d'un ancien mécanicien, réparateur d'avions à United Airlines, conduit à chercher un emploi sous-payé dans un magasin[104].

Selon Louis Uchitelle, et c'est probablement le constat le plus dramatique, ces victimes sont dans une situation bien pire que les chômeurs de la Grande Dépression des années 1930, qui retrouvèrent ensuite un travail sûr et correctement payé. Un temps qui ne reviendra jamais, pour ceux qui sont licenciés aujourd'hui. Dès 2004, près de 50 % de la population américaine gagnait 13 dollars de l'heure (10 euros) ou moins. Une tendance qui s'est aggravée.

Au mépris de la confidentialité

En 1920, Vladimir Ilitch Lénine avait déclaré à quelques-uns de ses compagnons impatients : « Le jour où nous voudrons pendre les capitalistes, ils nous vendront eux-mêmes la corde pour le faire. »

Lénine s'est en partie trompé mais la phrase reste prophétique. Commercer avec des régimes hostiles a toujours été une grande tentation du monde des affaires occidental, mais il n'a jamais couru aucun risque.

Aujourd'hui l'affrontement qui se joue est d'une autre nature : les capitalistes occidentaux vendent la corde pour les pendre, non plus à des régimes totalitaires inefficients mais aux capitalistes des pays émergents.

Le cas de l'industrie pharmaceutique est particulièrement révélateur. Des sociétés indiennes s'allient aux géants occidentaux, s'adaptent aux standards de la Food and Drug Administration américaine (l'organisme chargé de contrôler la fabrication et la validité des nouveaux médicaments mis sur le marché), produisent à moindre coût, accélèrent les processus de recherche et accaparent un grand nombre d'emplois dans le secteur des biotechnologies.

A Bangalore, salaires et loyers correspondent au cinquième de ce qu'ils atteignent en moyenne dans les capitales occidentales. C'est le calcul opéré par l'agence de presse financière Reuters qui a transféré plus de 10 % de ses emplois dans cette ville, y compris les éditeurs et les reporters financiers. L'objectif, pour ce groupe qui a réduit d'un quart ses effectifs : faire de la cité indienne le premier pôle d'informations du groupe.

Les services financiers, tenus pourtant au respect de règles de secret et de sécurité très strictes, ont délocalisé à 80 % en Inde des départements sensibles. Le rythme d'embauche des personnels locaux atteignait entre 300 et 500 % entre 2003 et 2004, et s'est accru depuis. Pour des établissements bancaires dont on connaît, en détail, depuis la crise de 2008, la cupidité, ces délocalisations garantissent des bénéfices record. Mais il existe parfois un grain de sable qui grippe la machine. En l'occurrence, ce fut la poursuite intentée par un client britannique à sa banque. Elle avait délocalisé en Inde et en Malaisie, et il l'attaqua, avec succès, pour « violation des lois sur la confidentialité par transferts d'emplois ».

De plus en plus de cliniques et d'hôpitaux sous-traitent en Inde l'examen des radios ou des IRM, envoyés à des médecins indiens, qui les retournent ensuite accompagnés de leur diagnostic.

Ce marché de l'externalisation dépasse aujourd'hui les trente milliards de dollars aux Etats-Unis. Mais cette quête du profit effréné met en danger le secret médical et vous fait courir le risque de découvrir votre dossier diffusé sur Internet. C'est ce qui faillit arriver en Californie, où le San Francisco Medical Center sous-traitait les transcriptions médicales, notamment les informations sur leurs patients dictées par les médecins à un intermédiaire installé au Texas.

Cet homme faisait travailler un médecin pakistanais qui effectuait les transcriptions pour un prix dérisoire. Le travail était impeccablement réalisé, rendu à temps, jusqu'au moment où l'intermédiaire texan cessa brusquement de régler le praticien pakistanais. Celui-ci envoya plusieurs relances, sans succès, puis finalement s'adressa directement à l'hôpital de San Francisco. Là encore, il ne reçut aucune réponse. Il envoya alors un message aux administrateurs de l'établissement, menaçant de publier sur Internet l'intégralité des dossiers transcrits, jusqu'à qu'il soit enfin payé. Devant la menace d'un tel scandale, le règlement bien sûr fut effectué immédiatement.

Chapitre 14

Les illusions de la convergence

Les années 1970 furent marquées par une curieuse offensive des milieux d'affaires occidentaux et de leur relais dans la presse. Elle cherchait à démontrer que l'accroissement des liens commerciaux entre régimes antagonistes aboutirait à une convergence positive entre des systèmes que pourtant tout opposait. Il s'agissait, pour les responsables du monde des affaires, aux Etats-Unis mais aussi en Europe, de justifier les accords commerciaux passés avec l'Union soviétique, un système totalitaire menaçant et hostile.

Banquiers et industriels se transformaient ainsi en missionnaires des idées démocratiques et, de même que la musique était censée adoucir les mœurs, le commerce allait devenir un facteur de paix, de tolérance et de prospérité.

Les théories fallacieuses sont souvent attirantes et plusieurs universitaires de renom furent séduits par l'idée que le communisme se dissoudrait peu à peu, victime du poison démocratique.

Je me rappelle une conversation avec Raymond Aron, un des esprits pourtant les plus lucides et les plus sceptiques du XXe siècle. Cet homme, qui n'avait jamais cédé aux sirènes du totalitarisme, voyait dans ce slogan de « convergence positive », un « moyen peut-être d'éviter un affrontement nucléaire ». Et, avait-il ajouté, « peut-être un apport de technologie occidentale pourra-t-il pousser au changement un système aussi archaïque et figé[105]. »

Bien entendu, rien de tout cela n'est advenu et l'Europe communiste a implosé uniquement grâce à la volonté de changement de celui qui était pourtant un pur produit du système, son dirigeant Mikhaïl Gorbatchev.

Il déclarait à ses interlocuteurs, vieux apparatchiks, dirigeants du Parti : « Nous devons bouger, évoluer sinon nous allons mourir. » Et eux qui avaient une connaissance intime des rouages du système et qui savaient que l'immobilité demeurait son principal atout, lui répliquaient : « Pas du tout. Au contraire, si nous bougeons, nous mourrons. »

L'inspirateur de la perestroïka, Alexandre Yakovlev, aux côtés de Gorbatchev dans cette guerre perdue d'avance pour relancer un système moribond, m'avait raconté ces affrontements en coulisses, au cours d'un déjeuner à Paris. Je lui avais demandé si Gorbatchev n'avait pas fait preuve d'aveuglement. Il m'avait rétorqué : « Contrairement à ce que vous pouvez imaginer, il n'avait pas les pleins pouvoirs et de nombreux secteurs, notamment militaires, échappaient à sa connaissance et à son contrôle. »

Le capitalisme se renforce, la démocratie s'affaiblit

Le mouvement de réforme initié par Gorbatchev était suivi avec inquiétude à Pékin et lorsque le dirigeant soviétique vint dans la capitale chinoise, au lendemain de la répression de Tien An Men, il fut accueilli avec froideur. Il incarnait aux yeux du PC chinois la tentation d'une dérive mortelle pour le système communiste.

Deng Xiaoping, le père des réformes, avait clairement délimité les règles du jeu : ouverture économique mais maintien d'une prédominance sans faille du Parti. Une réalité qui perdure vingt ans plus tard et qui est, pour une large part, à l'origine du formidable essor de la Chine.

L'économiste Robert Reich, qui enseigne aujourd'hui à l'université de Berkeley après avoir été conseiller puis ministre du Travail de Bill Clinton, formule une analyse intéressante : « Nous avions l'habitude de penser que le capitalisme et la démocratie avançaient main dans la main. Mais depuis trente ans le capitalisme s'est renforcé et la démocratie s'est affaiblie. Elle répond de moins en moins bien aux besoins des citoyens. En réalité le capitalisme est un préalable de la démocratie mais l'inverse n'est pas vrai. La Chine développe une nouvelle forme de capitalisme, très autoritaire. Si nous ne faisons pas attention, nous pourrions tous finir là. Le super-capitalisme devient la forme dominante de l'organisation sociale[106]. »

Le constat de Reich constitue plutôt une bonne nouvelle pour les dirigeants d'un Parti communiste chinois dont presque tous les observateurs prédisent depuis des années le déclin et la disparition. Vladimir Ilitch Lénine avait déclaré avec prescience : « Les grandes firmes capitalistes ont hérité de la terre. » Visiblement Pékin, après les avoir efficacement utilisées, n'est pas prêt à continuer de leur abandonner la maîtrise du monde. Il souhaite jouer un rôle à la mesure de son pouvoir grandissant où ses champions nationaux règneront à leur tour sur la planète.

Loin de moi l'idée de prendre la défense d'un régime totalitaire comme celui de la Chine. Mais je suis obligé de sourire quand je lis les commentaires occidentaux sur l'inefficacité de la direction chinoise, l'ampleur des problèmes qu'elle doit affronter, qui finira par l'engloutir et la balayer. Sans oublier bien sûr l'importance de la corruption qui minerait les différents rouages de prises de décision.

Un grand nombre de ces mises en accusation correspond à des réalités. Mais les résultats obtenus en si peu de temps par ce pays contrebalancent largement les effets négatifs. Une large partie de la population, notamment paysanne continue d'être fort mal-traitée. Mais franchement sommes-nous les mieux placés pour évoquer la nécessaire justice sociale qui doit régner, alors qu'à travers les délocalisations souvent abusives nous pratiquons l'arbitraire. Quant à la corruption, soyons sérieux ! La crise financière de 2008 a révélé que les banques de Wall Street à l'origine de la crise mondiale fonctionnaient sur un système qui érige la corruption et la rapacité à un niveau de fonctionnement sans précédent dans l'histoire. Avec un cynisme toujours affiché puisqu'en 2010 ce sont 144 milliards de dollars de bonus qui seront partagés au sein de ces établissements sauvés par l'argent des contribuables !

Le PC, un conseil d'administration

La mondialisation a limité la capacité des Etats à agir et à intervenir dans les régimes ouverts à fonctionnement « démocratique ». Un régime autoritaire comme celui de Pékin, lui, conserve non seulement tout son pouvoir mais se révèle le grand gagnant de la mondialisation.

Le Japonais Kenichi Ohmae, dont les analyses sur les mutations en cours sont souvent brillantes, propose une approche du régime chinois bien éloignée des clichés habituels : un parti communiste le dos au mur, tentant par tous les moyens de préserver son autorité face à la montée de la prospérité et de l'aspiration à davantage de liberté.

Pour lui, la direction du PC chinois ressemble davantage à un conseil d'administration, gérant le pays à la manière d'une véritable entreprise. « Comme beaucoup d'entreprises privées, estime-t-il, la Chine déplace la majeure partie des prises de décisions au niveau d'Etats-régions semi-autonomes, semblables aux unités stratégiques au sein d'une firme, qui se livrent une concurrence féroce en matière d'accès aux capitaux et à la technologie. » Il ajoute : « Dalian, comme des douzaines de territoires en Chine, est devenu de fait un "Etat-région" qui fixe son propre programme économique. Alors qu'il fait toujours partie de la Chine et qu'il est soumis à l'autorité de Pékin, il jouit d'une grande autonomie. En réalité, ses liens avec Pékin sont plus distendus que ceux qu'il entretient avec les centres des affaires internationaux[107]. »

Ces pôles d'excellence ont pour objectif de drainer les emplois et les capitaux occidentaux, ou plutôt de transplanter les emplois détruits chez nous. Dans ces zones « des managers parlent aux managers » : même langage et l'illusion d'objectifs identiques. La Chine laisse le capitalisme occidental l'irriguer, là même où, un siècle et demi plus tôt, il avait pénétré en imposant sa loi : les provinces côtières du Sud.

Quand, au début des années 1980, les réformes économiques décrétées par Deng Xiaoping entrèrent en application, on vit apparaître certaines caractéristiques qui évoquaient le XIXe siècle, l'impérialisme en moins : quatorze grands ports furent ouverts aux investissements étrangers, une exigence à laquelle les traités inégaux n'avaient pu parvenir qu'en 1896, cinquante-six ans après leur signature.

Mais cette fois la Chine ne pliait pas, elle ouvrait ses bras à ses futurs partenaires pour mieux pouvoir ensuite les refermer et les étouffer.

Les très riches sont moins taxés

Un système vacille lorsqu'il apparaît comme trop injuste à ses citoyens. Malgré leur défiance envers le PC chinois, les habitants connaissent une amélioration sans précédent de leur condition de vie. En Europe et aux Etats-Unis, ils ne cessent de s'appauvrir.

Robert Reich souligne les aberrations du système : « Les très hauts revenus, rappelle-t-il, étaient taxés au taux marginal de 90 % dans les Etats-Unis des années 1950. [Et il aurait pu souligner la prospérité économique du pays.] Aujourd'hui, les gérants de *hedge funds* ou de *private equity funds* [deux types de fonds à caractère très spéculatif] sont taxés à 15 %. Si leur taux de taxation passait à 40 %, rares sont ceux qui quitteraient les Etats-Unis. Un système où certains des très riches sont moins taxés que le reste de la population ne peut pas fonctionner longtemps[108]. »

Curieusement, la phase actuelle de mondialisation remet au goût du jour les vieilles lunes. On évoque à nouveau la théorie de la convergence.

Ses théoriciens, comme l'écrit Suzanne Berger, voient la mondialisation comme un mouvement puissant et irréversible. Mais ils ne sont d'accord ni sur les causes du phénomène, ni sur sa rapidité. Cette nouvelle mouture de la convergence prolonge la théorie de l'économiste Ricardo sur les « avantages comparatifs » et l'« égalisation du facteur prix ». L'idée étant qu'à terme les salaires, les prix et les taux d'intérêt finiront par s'uniformiser dans tous les pays qui échangent et investissent au sein de l'économie internationale.

Cette projection intègre une notion qui me semble aujourd'hui assez aléatoire : tous les acteurs de cette économie mondiale auraient la volonté de pratiquer et d'appliquer les mêmes règles du jeu.

L'exemple de la Chine et, à un degré moindre de l'Inde, infirme déjà cette théorie. J'ajouterais qu'en délocalisant les firmes occidentales manifestent un refus farouche de voir les prix et les salaires finir par s'égaliser.

Qui peut envisager sérieusement que le rival chinois du TGV ou les appareils qui concurrenceront bientôt Airbus et Boeing seront vendus quasiment aux mêmes prix ? La Chine pratiquera pour ses exportations la même stratégie que celle suivie avec succès depuis plus de vingt ans pour ses emplois : à moindre coût, pour créer envers les clients une situation de dépendance.

Les illusions des capitalistes occidentaux

La délocalisation ne constitue pas un phénomène marginal qui se serait développé au fil des ans comme une simple génération spontanée. C'est en réalité une obsession ancienne caressée depuis des décennies par le monde des affaires. Il serait plus juste de substituer au terme d'obsession celui de rêve.

Dès le milieu des années 1970, sur une échelle beaucoup plus réduite, des firmes fermaient pour délocaliser des usines en Europe de l'Est.

L'industrie textile de l'Allemagne de l'Ouest et ses syndicats s'élevaient contre le dumping de l'Allemagne de l'Est communiste en matière de textiles ; les syndicats autrichiens contre les productions de verre hongroise ; les industriels belges et hollandais contre le dumping des vêtements et autres matières textiles fabriqués à l'Est ; les industriels et les syndicats britanniques contre les tubes de télévision, les automobiles, lampes électriques, chaussures et articles de cuir fabriqués de l'autre côté du rideau de fer.

L'âpreté capitalistique générait une efficace ingéniosité : les fabricants de meubles suédois produisaient en Pologne, tout comme les pneus Pirelli et la Fiat 124. Le géant chimique Dow Chemical, dont le napalm fit merveille au Vietnam, était lui aussi passé à l'Est. Le système connaissait de cocasses dérèglements : la création échappait parfois à son maître. Le propriétaire de la Fiat, Giovanni Agnelli, réclamait une protection tarifaire dans toute l'Europe de l'Ouest contre le dumping des Lada et des Polski, les variantes polonaises et russes de la Fiat 124.

Nul doute que ce modeste galop d'essai n'ait été, à l'époque, suivi avec intérêt par les dirigeants d'une Chine considérée comme le prototype du pays irrémédiablement condamné à l'arriération par le régime qui la gouverne.

« Des miettes aux Chinois et des profits énormes pour nous » se dirent les capitalistes occidentaux en commençant à délocaliser dans ce pays. Dans l'organisation planétaire du système capitaliste, les Chinois se voyaient attribuer deux fonctions : le goulag chinois devenait désormais un gigantesque atelier produisant à bas prix pour l'Occident. Une situation qui se prolongerait pendant des décennies avec des individus trop heureux de continuer à travailler pour moins d'un dollar l'heure.

Une Chine qui, avec le temps, deviendrait déférente envers les puissances industrialisées qui lui octroieraient ce modeste pécule. Lentement, mais progressivement, les travailleurs chinois, fascinés par la qualité et le prestige de nos produits, réussiraient à se hisser au niveau supérieur qui est celui du consommateur.

Depuis vingt ans, les délégations officielles mêlant politiques et hommes d'affaires se succèdent à Pékin avec l'espoir de percer cet épais mur de bambou. Avec toujours des résultats mitigés. Là encore, l'aveuglement et l'arrogance ont prédominé. Les responsables économiques ont raisonné envers la Chine comme l'administration Bush en Irak après la chute de Saddam : les deux peuples et leurs dirigeants allaient irrésistiblement se convertir aux valeurs occidentales et à sa principale référence : le plaisir de la consommation.

L'Occident a commis une erreur fatale : croire en la validité de ses scénarios et négliger la rapidité de la montée en puissance de la Chine. Cette erreur de stratégie revêt une dimension encore beaucoup plus grave : tandis que l'Europe et les Etats-Unis s'affaiblissaient en laissant leurs entreprises, à travers les délocalisations, se vider de leurs forces vives, la Chine ainsi que l'Inde éprouvaient un mépris croissant envers l'Occident et ses « valeurs ».

Tous ceux qui réfutent encore aujourd'hui cette évidence font preuve d'un aveuglement mortel : la Chine est entrée dans l'économie mondiale avec non seulement ses propres règles du jeu mais la volonté de les imposer à terme à l'ensemble de la planète. Si le rapport de force lui reste favorable.

« Un sinistre complot de l'Occident »

Quelqu'un a écrit que les peuples sans mémoire sont des peuples sans avenir. Ce n'est ni le cas de la Chine ni celui de l'Inde. La Chine garde le souvenir du XIXe siècle où elle fut humiliée et souffrante.

S'immerger dans l'histoire des relations commerciales des deux pays conduit à trouver des constantes avec la situation d'aujourd'hui. Du XVIe siècle jusqu'à la fin du XVIIIe, le commerce avec la Chine a toujours ébloui l'Europe, en partie en raison des gros bénéfices qu'il offrait. Des échanges qui, rapportés aux dimensions de l'empire du Milieu, restaient limités et équilibrés. Puis au XIXe siècle, l'Europe devint exigeante et brutale, s'appuyant notamment sur la conquête de l'Inde par la Grande-Bretagne.

Ce fut l'ère des ravages et des convulsions pour la Chine. La mémoire des peuples est souvent hostile et Pékin ne fait pas exception. Je notais plus haut que la dimension sécuritaire constituait une priorité pour un régime voulant à tout prix asseoir sa puissance et continuer d'attirer, pendant un temps, les investissements occidentaux.

Deux faits confirment cette réalité : le budget consacré aux organes de sécurité intérieure est désormais égal à celui dévolu à l'armée, en nette augmentation. De plus, l'affaire de Liu Xiaobo, le dissident chinois qui a reçu le prix Nobel de la paix, témoigne d'un double isolement. D'abord celui de cet homme courageux dont le combat pour la liberté d'expression reste inconnu de l'opinion dans son propre pays. Mais aussi celui, psychologique, de la Chine lors de la remise en décembre 2010 du prix Nobel à Oslo. En l'absence du lauréat, son fauteuil resté vide, aurait pu tout aussi bien symboliser la Chine.

Pékin à cette occasion, a évoqué un « sinistre complot de l'Occident » en ajoutant : « Certaines personnes croient avoir pour mission de convertir le reste du monde aux valeurs occidentales. Ils n'osent pas, dans le cas de la Chine, recourir à la force comme ils l'ont fait en Irak ou en Afghanistan et se rabattent donc sur leur dernière tactique consistant à soutenir ceux qui, à leurs yeux, représentent leurs valeurs. »

Il y a quelques années, j'ai rencontré à New York l'ancien médecin personnel de Mao Zedong. « Cet homme a gâché ma vie » m'avait confié ce petit homme frêle et digne, issu d'une famille de mandarins. Pendant plus de vingt ans, il avait vécu dans l'ombre du fondateur de la Chine communiste qu'il décrivait comme un « monstre convaincu que la Chine avait fourni au reste du monde deux apports essentiels : la médecine traditionnelle, et ses romans picaresques » ! « Il détestait l'économie et le progrès, m'avait-il expliqué, mais se montrait certain que la Chine allait retrouver à terme une puissance encore décuplée. »

Il m'expliquait que Mao se comportait comme un empereur au sein de la Cité interdite et tous ceux qui l'entouraient vivaient quotidiennement dans la peur de tomber en disgrâce. Il avait assisté à plusieurs rencontres avec des dirigeants européens ou américains. Je lui avais demandé quel jugement le leader chinois portait sur nos pays. Il m'avait beaucoup surpris en répondant :

« Pour lui la supériorité de l'Occident est une péripétie. » Une phrase qui prend tout son sens aujourd'hui.

« La poursuite de la guerre par d'autres moyens »

Le commerce facteur d'apaisement ? Une stupidité ou une vue de l'esprit. Pour paraphraser la formule de Clausewitz, il représente plutôt « la poursuite de la guerre par d'autres moyens ».

Vous avez été étonné par la montée en force du nationalisme chinois? Vous apprécierez encore plus son véritable rejet de l'Occident. Il n'y a que les naïfs, je reconnais qu'ils sont nombreux, qui peuvent être surpris.

Le passé de la Chine éclaire son attitude actuelle. Au XIXe siècle, juste avant la guerre de l'opium et les traités inégaux, de nombreux responsables chinois cherchaient à « occidentaliser » leur pays. Le terme employé dans le langage classique signifiait « redressement ».

Quand le pays fut agressé par les Occidentaux, un administrateur s'efforça d'élaborer une géographie mondiale des « pays maritimes » qui avaient surgi et humilié la Chine. Alors que le pays ployait sous les exigences de l'Occident, le Japon semblait, lui, avoir pris intelligemment le virage de la modernisation en sortant de son isolement et en s'occidentalisant. Alors pourquoi cet échec de la Chine ?

A partir de 1920, le Parti communiste chinois fournit une explication qui éclaire, quatre-vingt-dix ans plus tard, l'attitude des dirigeants en place à Pékin. « La raison de l'effondrement chinois, selon le PC, incombe à l'impérialisme capitaliste des puissances étrangères qui avaient envahi la Chine, obtenu par la force des privilèges exorbitants, exploité les ressources du pays, pillé les marchés chinois et brisé les ressorts du capitalisme naissant. »

Relisez chaque terme de ce réquisitoire et vous aurez, à front renversé, la politique suivie par Pékin à l'encontre des firmes occidentales : veiller de façon obsessionnelle au maintien de la souveraineté du pays, ne leur laisser obtenir aucun privilège majeur ni accès aux ressources, et… à terme, briser les ressorts de leur capitalisme arrogant. Le seul accès auquel les Occidentaux ont eu droit, mais il n'avait d'autre objectif que de les piéger, c'était à une main-d'œuvre bon marché.

Tous les experts regardaient la Chine avec condescendance, à l'aune de notre passé : il nous avait fallu des siècles de développement et de prédation pour aboutir à notre prospérité actuelle. Les règles que nous avions forgées n'étaient pas immuables. Comment un pays pourrait-il brûler ces étapes obligées ? Personne ne semble avoir formulé la réponse qui pourtant saute aux yeux : « Grâce à nous », aux entreprises que nous avons délocalisées et aux compétences qui se sont évanouies avec tous ces gens licenciés, grâce enfin aux gigantesques investissements injectés dans le pays. Si encore, en agissant ainsi, nous voulions par une quelconque aberration de l'esprit, réparer nos agissements passés à l'encontre de ce pays. Mais pas du tout. Nous avons, cette fois, offert notre tête sur un plateau.

Une information publiée à la fin du mois de décembre 2010 illustre encore un peu plus la mainmise de la Chine sur l'économie mondiale.

Le groupe chinois Tianjin Xinmao, jusqu'ici quasiment inconnu, a proposé de racheter pour 1,2 milliard d'euros la firme néerlandaise Draka Holding. L'offre chinoise dépasse largement celles des autres candidats au rachat. L'objectif est hautement stratégique : mettre la main sur le savoir-faire européen dans les câbles de haute technologie, notamment la fibre optique qui, une fois transférée, placerait l'Europe dans une totale dépendance vis-à-vis de la Chine. Draka fournit les plus grandes entreprises de télécommunications et de l'Internet à haut et très haut débit, Boeing et Airbus les lignes à haute tension et dans l'énergie les plates-formes offshore. Un tel rachat ferait tomber dans l'escarcelle de Pékin des milliers de brevets et les unités de recherche et développement.

Face à cette offensive qui revêt un caractère au moins autant politique qu'économique, tous les concurrents soupçonnent, certainement à raison, le groupe chinois d'être associé à la puissance financière publique de son pays. Et ils dénoncent les dérives des règles européennes de la concurrence, qui sanctionnent les entreprises qui ne respectent pas les règles du marché.

Le P-DG de Nexans, un des candidats au rachat, a écrit à Bruxelles : « Je souhaite tirer la sonnette d'alarme face à une politique de sanctions qui, *in fine*, pénalise les entreprises européennes et les affaiblit dans la compétition internationale. » Le commissaire à la Concurrence lui a répondu : « Je ne partage pas ses arguments. »

Dans son numéro du 29 décembre 2010, *Le Monde* publie un article intitulé « La crainte des industriels français face aux prédateurs chinois ». Il reprend le cas que je viens d'évoquer, parlant des « multinationales chinoises insérées dans des chaînes et des réseaux de commandement cachées, celles du Parti communiste, qui dispose d'un comité dans chaque entreprise d'importance, dans chaque entité de régulation et dans chaque administration. Les ordres et les souhaits du Parti ou de certains de ses membres – par exemple pour “absorber” une technologie ou acquérir des secrets commerciaux en vue de les exploiter ailleurs – peuvent primer sur toute autre régulation interne ou loi, internationale ou chinoise[109]. »

Une convergence, oui, mais négative

Face à ce laxisme doublé d'aveuglement des responsables européens, la Chine bénéficie, elle, d'un marché intérieur très protégé. Les vetos chinois au rachat de leurs entreprises sont innombrables et la « préférence nationale » est devenue une priorité dans les secteurs des industries de haute technologie.

La seconde information concerne l'autre rive du Pacifique, celle des Etats-Unis, et dresse un bilan morose de l'état de santé du consommateur américain qui, depuis des années, tire la croissance du pays.

Désormais, grâce aux injections massives d'argent public, le pays semble amorcer une timide reprise mais… sans emploi.

Ces postes détruits, délocalisés, en un mot perdus, ne reviendront jamais malgré les promesses fallacieuses des pouvoirs publics. Et avec une lucidité dont leurs dirigeants ne font pas preuve, les Américains réduisent leur consommation. Endettés, avant la crise de 2008, à 110 %, les ménages outre-Atlantique faisaient un usage fréquent de leur carte de crédit, qui leur servait aussi de réserves d'argent. Une famille américaine en possède en moyenne treize. Les organismes prêteurs et les banques gagnent des fortunes grâce aux agios et au montant des pénalités infligées à leurs clients. En cette fin d'année 2010, on observe un phénomène sans précédent : les possesseurs de cartes ont réduit de plus de

11 % l'usage de ce précieux plastique, à une époque où au contraire les achats explosent.

Un point de délocalisation réduit les salaires de 1,5 %

En 2008, une étude d'Ingo Geishecker dans la revue canadienne d'économie estimait que l'augmentation d'un point dans la délocalisation réduisait les salaires des travailleurs les moins qualifiés, et donc les plus mal payés, de 1,5 %. Une évaluation qui n'avait pas encore pris en compte les délocalisations des emplois dans les secteurs de haute technologie et les pressions exercées sur les salaires des employés dont l'emploi est (temporairement) maintenu.

Dans ces secteurs de haute technologie, l'Inde se taille la part du lion. Elle emploie quatre millions de personnes, exporte pour 65 milliards de dollars, et ses trois plus importantes firmes Tata Consulting Services, Infosys et Wipro font désormais partie des dix premiers groupes mondiaux. Phénomène nouveau : alors que le nombre de diplômés européens ou américains croupissant sur le marché du chômage ne cesse d'augmenter, trouver un ingénieur informaticien disponible en Inde relève presque du casse-tête pour les employeurs. Alors même que les salaires augmentent de 13 % par an. Certaines firmes considèrent que délocaliser en Inde risque de devenir désormais une démarche trop onéreuse.

Le voisin chinois, lui, conserve intact son pouvoir d'attraction grâce à ses salaires qui restent ridiculement bas. Un opérateur travaillant dans le secteur de BPO (Business Process Outsourcing), qui couvre une gamme aussi large que la gestion des factures et des cartes de crédit ou celle des ressources humaines, est payé 300 dollars par mois, dans un secteur qui dépasse les 25 milliards de dollars de chiffres d'affaires.

Près de 60 % des grandes firmes européennes et américaines de haute technologie délocalisent leurs emplois. Le marché des délocalisations dans les technologies de l'information, dépasse les 70 milliards de dollars et la Chine édifie à Xian, l'ancienne ville impériale, l'équivalent de la Silicon Valley : des universités produisent chaque année 120 000 diplômés prêts à travailler pour les 8 000 entreprises implantées sur cette « zone de développement High Tech ». Même les rivaux indiens, Tata et Infosys, sont séduits par ce paradis salarial. Infosys va investir plus de 500 millions de dollars pour s'implanter à Shanghai. Le géant californien Cisco, qui fut avant la bulle Internet de 2000 l'entreprise possédant la plus forte capitalisation mondiale, a orienté plus de 50 % de son budget de délocalisations vers la Chine qui possède ainsi un gigantesque vivier, en matière d'informations technologiques confidentielles, d'innovation de pointe, de recherche appliquée.

Le décrochage des salaires médians

On parle beaucoup plus des difficultés qui attendent la Chine et l'Inde que de celles que nous traversons actuellement. En décembre 2009, Jacques Sapir, directeur d'études à l'EHESS, a analysé la baisse des salaires en France, et les mutations mondialisation-délocalisation qui y sont liées. Il explique aussi pourquoi, malgré une véritable déflation salariale, la part des salaires dans la valeur ajoutée n'a pas baissé depuis 1990 : « Parce qu'il existe un phénomène, écrit-il, de salarisation des profits » qu'il faut inclure dans le calcul. En effet, de plus en plus de revenus qui étaient autrefois considérés comme du « profit d'entreprise » ou du « revenu » brut des entrepreneurs individuels « tendent à être versés sous la forme de salaires ou de quasi-salaires [...] Les rémunérations les plus élevées s'expliquent par le fait que ce sont en fait des parts de profits qui sont ainsi distribuées sous la fiction des salaires ou des primes. »

Par contre, il décrit l'inversion de la situation pour l'immense majorité des salaires. Il évoque notamment le « décrochage des salaires médians qui a stagné en 2006 à 104 % de son niveau de 1996 [...] ce phénomène se retrouve aujourd'hui dans la majorité des pays développés. Il est particulièrement important aux Etats-Unis mais on voit qu'il n'a pas épargné la France ». Commentant la « baisse relative sur la longue durée des revenus salariaux », Jacques Sapir ajoute : « Si on fait l'hypothèse que les salaires dans l'industrie ont été tirés vers le bas par l'importation de produits provenant des économies à très bas coûts salariaux, c'est plus vers la relation salaires-productivité qu'il faut tourner ses regards. L'ouverture au commerce international fragilise en effet le mécanisme d'indexation des salaires sur la productivité dans l'industrie et donne aux entreprises qui "s'externalisent" la possibilité de ne plus dépendre du marché intérieur et des salaires qui y sont payés[110]. »

Ces quelques lignes expliquent à la fois l'ampleur des bienfaits que les entreprises retirent des délocalisations et le préjudice qui en découle pour les salariés des pays d'origine.

Nos économies, où les salaires ne cessent de perdre de l'altitude, quittent de plus en plus, à travers ces délocalisations, le secteur de l'économie réelle. En revanche, des pays comme l'Inde et la Chine édifient un potentiel industriel et technologique qui, dans quelques années, pèsera d'un poids décisif dans l'économie mondiale.

A la réflexion, je crois qu'il existe une théorie de la convergence mais « négative ». Ce ne sont pas des nations comme la Chine qui vont finir par nous ressembler, mais nous qui allons nous retrouver semblables à ce qu'ils étaient ! Un chômage massif et des bas salaires qui se révéleront aussi modestes que les droits sociaux qui seront tolérés ou accordés. Les jeunes qui piétinent de stage en stage sur le seuil du marché du travail peuvent en témoigner.

Vingt-huit millions d'emplois susceptibles d'être délocalisés

Alan Blinder, professeur à Princeton et ancien président du bureau des gouverneurs de la Réserve fédérale, exprime l'ampleur de sa préoccupation. Il estime en 2010, que 28 des 42 millions d'emplois composant les secteurs des services sont « susceptibles d'être délocalisés ». Il redoute que cette nouvelle vague de délocalisation soit si importante et rapide que les sociétés occidentales éprouvent de graves difficultés d'ajustement. Pour lui, à l'avenir, la distinction cruciale ne sera plus entre les travailleurs hautement qualifiés et les autres, mais entre ceux dont l'emploi peut être délocalisé et ceux qui ne courent aucun risque[111].

Dans les années 1970-1980, dans cette Union soviétique qui fascinait tant les capitalistes occidentaux, il existait une suprématie de la « directive » sur le « vécu ». Les responsables soviétiques niaient avec la même véhémence que le coupable sur le point de passer aux aveux l'existence de l'inflation chez eux. En effet, il suffisait de circuler dans Moscou pour constater que les prix fixés par décrets restaient stables mais ce sont les produits qui changeaient : ils n'existaient plus. Une inflation par la pénurie qui était tragiquement présente.

En Chine le « vécu », lui, évolue au rythme de la « directive » : une société inégalitaire dans la capacité offerte à chacun de consommer a remplacé une société à la soviétique, « égalitaire dans la pénurie ».

Chapitre 15

Bientôt le point de non-retour ?

« Les bienfaits du libre-échange » constituent le credo le plus erroné défendu par les partisans de la mondialisation à outrance et des délocalisations. Ils s'appuient sur les travaux de deux économistes, Adam Smith et « sa main invisible du marché » qui corrige tous les travers et David Ricardo qui a développé la théorie de « l'avantage comparatif » découlant de l'abondance ou de la rareté des facteurs de production détenus par ces pays.

Seul petit problème pour ces défenseurs, notamment, des thèses de Ricardo : leur application exige l'immobilité internationale des facteurs de production. Ricardo est mort en 1823, avant même l'essor de la révolution industrielle, et le monde auquel nous sommes confrontés est radicalement différent et opposé de celui qui inspirait ses thèses. A l'époque de Ricardo, le commerce entre l'Angleterre et le Portugal se résumait à échanger des draps contre du vin.

Pourtant, dans le débat sur les délocalisations, de nombreux économistes se rallient toujours à ses thèses, et le journaliste Thomas Friedman, chantre de la mondialisation, les rejoint avec assurance : « Après avoir écouté toutes sortes d'arguments contradictoires, je me suis rangé du côté de la majorité des économistes : Ricardo a toujours raison. Dans l'intérêt d'une majorité d'Américains, mieux vaut ne pas dresser d'obstacles à l'externalisation, à l'harmonisation de la chaîne d'approvisionnement ou à la délocalisation. » Et d'ajouter : « Tel est le message de ce chapitre : dans un monde de plus en plus plat, l'Amérique a plutôt intérêt à adhérer aux principes généraux du libre-échange qu'à tenter d'ériger des murs qui inciteront les autres à en faire autant, pour tous nous appauvrir. »

Il se garde bien de citer un seul des chiffres qui montrent que les délocalisations ont, en réalité, appauvri l'Amérique, et tout autant l'Europe. Cette exigence d'« adhésion » au libre-échange pour éviter « d'ériger des murs » est une pure stupidité.

Le suicide de l'Occident

La Chine et l'Inde sont-elles des économies ouvertes pratiquant le libre-échange ? La réponse est clairement non. L'accès à leurs marchés est délicat, limité, et leurs entraves visent à renforcer leurs champions nationaux qui deviennent déjà concurrentiels sur la scène mondiale. Ces deux pays n'ont pas bénéficié de la mondialisation, ils l'ont plutôt utilisée à leur profit : les fourches caudines sous lesquelles ils font passer les grandes firmes des pays développés leur permet de combler efficacement leur retard dans les secteurs de haute technologie où les connaissances et les investissements se situent à des niveaux élevés.

L'essor de la Chine et de l'Inde s'est bâti sur le futur cadavre de l'Occident, et je ne crois pas que la formule soit exagérée.

De nombreux historiens se pencheront plus tard sur ce phénomène sans équivalent dans l'histoire du monde : des pays riches et prospères ont abdiqué toute volonté. Pour un gain immédiat, ils ont renié les travailleurs et les citoyens de leur pays, et fourni à de futurs adversaires les moyens de les dominer.

C'est une forme d'abdication, la pire de toutes, reposant sur la vénalité. La richesse et les compétences d'un pays sont ainsi vendues à l'encan à travers les délocalisations. Tout simplement pour des bonus et des dividendes sans cesse plus élevés.

Les tenants du libre-échange savent que la concurrence tue les entreprises les moins performantes. Mais, là encore, où est la réalité ? Payer 60 cents de l'heure un travailleur chinois rend impossible toute véritable concurrence ; de même pour un informaticien indien payé le cinquième ou le sixième de son homologue européen.

Le cri d'alarme de Paul Samuelson

Le prix Nobel d'économie, Paul Samuelson, qui a longtemps travaillé sur les thèses défendues par Ricardo, lança en 2004 un véritable pavé dans la mare. A quatre-vingt-neuf ans, cette figure unanimement respectée du monde intellectuel, professeur émérite au MIT (Massachussets Institute of Technology), prit position avec fermeté contre les délocalisations et leurs conséquences. Paul Samuelson se définit comme un « démocrate centriste ».

Avec son nœud papillon, son bureau aux étagères recouvertes de livres, il pourrait apparaître comme une espèce de professeur Nimbus. Au contraire, il fustige l'orthodoxie de la pensée économique en matière de délocalisation qui véhicule une « fausse polémique populaire ».

Samuelson, dont les livres ont marqué des générations d'étudiants, tout comme les modèles économiques qu'il a conçus et qui sont couramment utilisés aujourd'hui, est une personnalité dont la voix est écoutée, tout comme l'autorité morale. Que dit-il ? « Des pays à bas salaires comme la Chine ou l'Inde, qui augmentent rapidement leur potentiel technologique, ont la capacité nécessaire pour changer les termes actuels du commerce avec les Etats-Unis (cela est également valable pour l'Europe) dans des secteurs comme les centres d'appels ou la programmation informatique, d'une façon qui réduit le revenu par habitant aux Etats-Unis. » « Le nouveau marché du travail, ajoute-t-il, aboutit à des rémunérations plus faibles résultant de cette version dynamique du libre marché. »

L'article de Samuelson, extrêmement réfléchi, fait voler en éclat les arguments des « pro-délocalisations ». Il explique notamment que ces délocalisations ont un effet négatif sur le secteur des services et conduisent les ingénieurs et programmateurs spécialisés des pays développés à accepter des baisses de salaires ou à se résigner au chômage ou à des emplois mal payés.

Selon lui, la délocalisation détruit finalement le mythe au cœur du débat sur la mondialisation, selon lequel les travailleurs des pays avancés ne devraient pas en craindre les effets. Il bat enfin en brèche l'argument sur les bienfaits de ces délocalisations sur l'emploi en Europe ou aux Etats-Unis. « Des emplois à haute valeur ajoutée, estime-t-il, pourront peut-être rester dans les pays développés, mais la fabrication d'ordinateurs et la biotechnologie iront en Chine et en Inde[112] ».

Il faut souligner que ce cri d'alarme de Paul Samuelson remonte à 2004 et constitue sa dernière intervention publique. Depuis, le temps et les événements se sont considérablement accélérés et aggravés.

La Chine et l'Inde occupent désormais une position incontournable, et même les emplois à forte valeur ajoutée prennent le chemin de l'exil, tout comme ces « organes vitaux » que sont les secteurs de recherche et développement des grandes entreprises.

Pour être clair, en six ans l'Europe et les Etats-Unis ont atteint un point où ils sont désormais en train de se vassaliser face aux deux géants asiatiques. Mais comme l'écrit Thomas Friedman : « Il n'y a aucune raison de croire que la baisse des salaires sera permanente. Ce serait invoquer la théorie selon laquelle il existe dans le monde une quantité de travail fixe : si les Américains ou les Japonais s'en emparaient, il ne resterait plus rien pour les autres. »

Cher monsieur Friedman, la réalité est rigoureusement à l'opposé de ce que vous écrivez. Le nombre de postes de travail n'est pas illimité et s'il se développe ce sera en Inde et en Chine et non plus en Europe ou aux Etats-Unis. Pour en finir avec le dernier argument de Friedman la baisse des salaires est constante et jamais, au cours des dix dernières années, cette tendance n'a jamais été corrigée.

Un seul exemple, lié à la situation française. Pour l'équivalent de un milliard d'euros de production industrielle, l'industrie employait, en 1980, 18 500 personnes. Aujourd'hui, elle n'en emploie plus que 3 900. Le moins d'emplois possible pour une productivité maximum.

Lilas Demmou, dans son rapport rendu en février 2010 à la Direction générale du Trésor, souligne que sur la période 2000-2007 « 63 % des destructions d'emplois, soit 282 000 postes à temps plein s'expliquent par la seule concurrence étrangère[113] ». Et, il précise que 104 000 (23 %) des destructions observées seraient imputables à la concurrence des pays émergents. Un chiffre qui semble modéré à de nombreux observateurs. La Direction générale du Trésor n'est pas réputée pour l'audace de ses prises de position.

Résignés face aux nouveaux maîtres du temps

Nous avons évoqué précédemment la maîtrise du temps, et les atouts décisifs qu'elle confère. Face à cette accélération, les grands perdants son naturellement les Etats-nations et leurs citoyens soumis aux diktats de la mondialisation.

Selon l'historien Jacques Le Goff, les ecclésiastiques, au Moyen Age, affirmaient que le temps n'appartenait qu'à Dieu et ne pouvait être vendu, ce qui s'apparentait à l'usure. Cette époque lointaine est depuis longtemps révolue et désormais temps et profit forment un couple indissociable.

La vitesse est un atout et la révolution technologique et scientifique. Elle a sans cesse réduit les coûts de communications et de transports, favorisant la rapidité accrue des échanges et de l'information. Les maîtres du temps, jusqu'à maintenant, étaient les grandes firmes transnationales.

Plus de 70 000 compagnies détiennent près de un million de filiales à l'étranger. Jusqu'ici près de la moitié du commerce mondial était constitué d'opérations qui se déroulaient à l'intérieur même de ces groupes, entre le siège et ses filiales ou entre plusieurs filiales. Je l'écris à l'imparfait parce que cet état des lieux se modifie rapidement.

Jusqu'à maintenant, le scénario était en tout point satisfaisant pour les firmes. Des travailleurs qualifiés et beaucoup moins payés remplaçaient avantageusement ceux dont le travail était délocalisé et qui ne descendaient même pas dans la rue pour protester. Pourtant ces avantages s'amenuisent rapidement. Les firmes occidentales ont commis un péché d'orgueil qui peut se révéler un aveuglement mortel : faciliter la montée en puissance de leurs rivaux. IBM avait implanté en 1995 un premier centre de recherche et de développement en Chine, au nord de Pékin.

En 2003, un nouveau centre de recherche et développement a été ouvert par IBM à Dalian, au nord-est de la Chine, dans la province de Liaoning.

Il a intégré le parc de software de Dalian, un cadre spécialement aménagé pour attirer les entreprises étrangères qui sont désormais plus de cent trente, regroupées dans cet espace propice à l'espionnage industriel et scientifique. En tout cas, IBM se montre tout à fait satisfait des activités de son centre qui élabore certains des projets les plus prometteurs pour la firme... et pour la Chine

C'est ainsi que s'affaiblissent les sociétés privées occidentales. Un autre exemple relève, lui, d'une forme de renoncement psychologique. L'Etat de l'Indiana a dû annuler un projet qui prévoyait que Tata Consulting Services, une filiale du groupe multinational indien Tata, moderniserait le système informatique pour le traitement des demandes d'emplois.

Le contrat signé portait sur 15,2 millions de dollars et prévoyait que Tata importerait d'Inde ses salariés, décision parfaitement judicieuse quant il s'agit d'un secteur humainement aussi sensible que celui touchant les chômeurs, fort nombreux dans cet Etat.

En Indiana toujours, l'école de management de l'université d'Etat, réputée à travers le pays, forme un nombre croissant d'étudiants, et donc de futurs dirigeants, aux meilleures méthodes pour diriger des projets de délocalisation.

L'économie, telle qu'elle s'est mondialisée, ne permet plus aux gouvernements de protéger leurs populations des bouleversements économiques. Mais il est encore pire de constater que des enseignants et des centres de recherche encouragent cet abandon.

Le responsable d'un grand groupe français qui a beaucoup délocalisé m'a confié cyniquement, en exigeant tout de même l'anonymat : « En général, nous gardons secrets nos projets de délocalisation, mais il y a toujours un moment où la nouvelle filtre. Et j'ai observé un phénomène intéressant : les salariés au courant et dont l'emploi est menacé, préfèrent souvent se taire dans l'espoir, en ne faisant pas de vagues, de retrouver un nouvel emploi dans le même secteur d'activité, même s'il y règne déjà un fort taux de chômage. »

Un point de non-retour bientôt atteint

Critiquer ces dérives, défendre l'emploi, le droit à la dignité. En écrivant ces mots, j'imagine le sourire condescendant de tous ceux qui se prétendent réalistes et modernes, mais bénéficient souvent d'emplois protégés.

Pour eux, emplis de clairvoyance, il s'agit d'un combat d'arrière-garde, dépassé, mené par des esprits archaïques, des nostalgiques du protectionnisme.

Paradoxalement, je suis assez d'accord avec eux : ce combat deviendra bientôt d'arrière-garde et dépassé, car le point de non-retour, de mon point de vue, risque d'être rapidement atteint, et je ne discerne nulle part le moindre sursaut.

Je suis stupéfait par ce comportement déroutant qui consiste à prédire la chute de la Chine, les difficultés de l'Inde mais à ne pas vouloir admettre que ces deux pays sont, à marche forcée, en train de nous faire sortir de l'Histoire.

Le protectionnisme, lui, est un débat qui mérite qu'on s'y arrête. Tous les pays trichent avec les règles du marché. La stratégie de la rapidité n'empêche pas l'usage du protectionnisme.

Les Chinois comme les Indiens protègent leurs champions nationaux et leur marché intérieur avec le même zèle que les Japonais vingt-cinq ans auparavant.

En 1981, les exportations du Japon augmentaient de 17 %, mais dans le même temps ses importations ne s'accroissaient que de 1 %, la plus grande part provenant de l'Asie du Sud-Est. En 1983, l'excédent commercial du Japon battait tous les records, mais un sénateur américain déclarait, exaspéré : « Des barrières invisibles et sournoises bloquent l'accès au marché japonais et prouvent que ce pays ne se comporte pas loyalement. » Il m'avait exhibé plus de cent lois japonaises qui contenaient des clauses si restrictives qu'elles interdisaient toute importation.

La stratégie chinoise, dans un premier temps, a été radicalement différente. Lorsque l'ouverture économique fut décrétée, le pays a laissé entrer les investisseurs étrangers, les entreprises et leurs méthodes de production. Elle souhaitait avoir accès au maximum en peu de temps pour combler un retard abyssal. La Chine du milieu des années 1980 avait la physionomie d'un pays encore très pauvre.

Les années 1990 ressemblèrent pour les entreprises occidentales à la campagne des Cent Fleurs initiée par Mao en 1959, et marquée par une timide libéralisation. « En réalité, rappelle Simon Leys, il s'agissait d'un piège machiavélique tendu par le régime[114]. »

Quarante ans plus tard, les entreprises occidentales tombèrent à leur tour dans le piège tendu par le régime chinois : elles pensaient avoir accès au gigantesque marché que les responsables leur faisaient miroiter, on les accueillait avec une relative chaleur, et bien sûr elles ignoraient qu'elles participaient, involontairement, à la mise sur orbite économique et politique du pays. En quelques années, le pays se classait aisément au premier rang mondial pour l'achat illégal et le vol des données.

Dans les années 1980, le Japon était réputé pour sa quête inlassable d'informations étrangères. Ce pays apparaîtra rétrospectivement comme un véritable nain face à la voracité chinoise et sa quête sans limite du savoir-faire étranger pour parvenir à se hisser au rang de super-puissance.

Une entreprise sans usine : du rêve au cauchemar

Bertolt Brecht avait écrit que des dirigeants politiques, furieux de la défiance que le peuple manifestait à leur encontre avaient décidé de supprimer le peuple. Ce texte m'est revenu à l'esprit quand j'ai lu que le patron d'Alcatel, Serge Tchuruk, avait annoncé qu'il voulait construire une « entreprise sans usine ». Une formule qui vise à confier dans des pays à bas salaires d'énormes volumes de sous-traitance mais conformes en qualité aux exigences des clients. Là encore, on ne peut être que stupéfait par l'imprévoyance de dirigeants comme Tchuruk. Profitant de compétences techniques de plus en plus larges et sophistiquées, certains de ces sous-traitants parviennent à devenir des acteurs importants et seront parfaitement en mesure de dépasser leurs clients.

Plus prudent, IBM conserve la maîtrise de la fabrication de ses composants les plus avancés. Faire fabriquer des composants à l'extérieur n'est pas dangereux si la firme conserve la maîtrise de l'intégration et de l'assemblage.

De plus en plus de sociétés, notamment américaines, séduites par l'idée, en constatent aujourd'hui les dangers et les limites. Produire sans fabriquer devient de plus en plus risqué sur des marchés où la technologie change rapidement. Le président de Kenwood confie : « Les dirigeants d'entreprises sans usine ne connaissent plus rien à la fabrication. En cas d'évolution du marché ou de la technologie, ils sont incapables de s'adapter. »

En tout cas, le rêve de Tchuruk, lui, ne s'est jamais concrétisé, ou plutôt il a tourné au cauchemar. Sept ans après son annonce tonitruante, non seulement Alcatel ne s'est pas débarrassé de ses usines mais il a fusionné avec un autre canard boiteux, l'Américain Lucent, pour aboutir à des pertes de 1,1 milliard d'euros en un trimestre. Comme lot de consolation pour son rêve déçu, le conseil d'administration a octroyé à Tchuruk 6 millions d'euros.

C'est une leçon qui mérite d'être durablement méditée. Les grands gagnants de la mondialisation ne sont pas les nombreuses firmes qui ont massivement délocalisé mais souvent, au contraire, une minorité qui a refusé de licencier et d'abandonner son outil de production installé en Europe ou aux Etats-Unis. Un constat qui avive les regrets, et prouve que l'on aurait pu éviter ces dégâts humains, sociaux et économiques irréparables.

Au siège de nombreuses sociétés, une évidence demeure le secret le mieux gardé : bon nombre de délocalisations n'ont pas répondu aux attentes et aux espérances financières des dirigeants et surtout de leurs actionnaires. Des actionnaires raisonnant à court terme, et qui, en poussant les responsables à délocaliser, ont ignoré les problèmes et les aléas qui pouvaient surgir.

Le philosophe Schopenhauer a écrit que « des choses sûres, la plus sûre est le doute ». Un doute qui se manifeste désormais derrière les portes soigneusement fermées des conseils de direction ou d'administration. Ce qui est le plus effarant c'est qu'au moment même où les entreprises entamaient leur grande transhumance vers les paradis qu'ils croyaient si verts et si gras de la Chine et de l'Inde, des conseils de prudence leur étaient adressés.

Dès 2005 l'influent cabinet d'audit Deloitte Consulting soulignait que « contrairement au tableau optimiste dressé par les vendeurs, l'outsourcing (ce vocable définit les externalisations et les délocalisations) se révèle être une opération extraordinairement complexe, dont les bénéfices attendus ne se matérialisent pas toujours[115] ». Le cabinet proposait également aux grandes entreprises de « se réorganiser plutôt en interne de manière à obtenir les mêmes avantages de réduction de coûts que ceux offerts par la délocalisation ou proposés par des sous-traitants ». Avertissements et conseils superbement ignorés. La ruée vers les pays émergents, et notamment l'Inde et la Chine, devenait une pulsion irrépressible. Avantageuse à court terme, désastreuse sur la durée.

Des échecs soigneusement dissimulés

Des groupes importants avec des cabinets juridiques gravitant en permanence autour d'eux se sont révélés incapables d'anticiper les problèmes. Notamment dans le cas où ce groupe ferme des usines pour confier la production à des sous-traitants. Dans un tel contrat, selon Philippe Perbost, avocat chez Kahn et associés, « il faut avant tout commencer par la fin. Que se passerait-il si jamais ça ne marche pas entre clients et prestataires. Qui peut résilier, comment résilier, combien de temps pour se désengager[116] ? ».

Le responsable d'un grand groupe français installé à Shanghai me confie : « J'ai été consulté pour relire un contrat qui avait été rédigé par notre partenaire chinois et qui ne contenait aucune clause nous protégeant. J'ai déclaré à mes supérieurs qu'il fallait totalement en renégocier les termes, point par point. Vous auriez vu leurs visages : ils étaient furieux de mes objections, et paniqués à cette idée. Et vous savez pourquoi? Ils me l'ont dit clairement : ils voulaient à tout prix ménager la susceptibilité de nos interlocuteurs et surtout ne pas leur faire perdre la face. A cet égard, ce fut une réussite : la face c'est nous qui l'avons perdue, notre partenaire chinois a contrefait une partie de notre production et l'écoulait en toute quiétude. »

Le groupe Danone a connu une mésaventure analogue et a traîné comme un boulet juridique et financier l'associé chinois qui l'avait carrément escroqué.

Dans le secteur des services informatiques, de nombreuses SSIII cachent à leurs clients le fait que les choses se déroulent mal. Pour une raison devenue perverse : la délocalisation d'une partie de leurs activités est devenue pour elles un argument souvent décisif pour s'attacher des clients.

La situation est cocasse et paradoxale : ces firmes vantent les économies réalisées grâce à ces opérations alors que les coûts, en réalité élevés, restent soigneusement dissimulés ainsi que les risques encourus : frais d'infrastructures et de déplacements supplémentaires, rallongement fréquent des délais, sécurité aléatoire des données, qu'il s'agisse de protection intellectuelle ou de données personnelles.

L'Inde et la Chine sont les pays où les taux de piratage des logiciels d'entreprises sont les plus élevés. Et, en cas de litige, un véritable vide juridique s'ouvre sous les pieds de la firme occidentale. Quelle juridiction doit trancher ? S'il s'agit de celle du pays d'accueil, on peut douter de son impartialité.

Désormais, près de 50 % des activités des sociétés de services informatiques françaises sont délocalisées en Inde. Et, en privé, des cadres de ces firmes estiment que cette démarche est économiquement infondée. En raison notamment du coût très souvent sous-estimé qu'implique cette externalisation.

Selon une étude menée par Compass Management Consulting, l'externalisation des activités ne permet que rarement d'atteindre les économies significatives attendues par une firme. En effet, selon Sandrine Chilotti de reseaux-telecoms.net, « les coûts baissent en moyenne de 15 % pendant les dix-huit premiers mois qui suivent le démarrage du contrat d'externalisation. Mais en réalité à l'échéance du contrat, les dépenses de l'entreprise peuvent être 30 % plus élevées que celle d'un service bien géré en interne[117] ».

Pour Georges Epinette, administrateur du CIGREF (Club informatique des grandes entreprises françaises) : « Dans la plupart des contrats que nous avons étudiés, qu'il s'agisse d'opérations motivées par des réductions de coûts ou par le développement et l'innovation, nous avons observé que les donneurs d'ordre ont tendance à très mal évaluer la valeur potentielle de la prestation[118]. »

Selon le cabinet américain Gartner, « la propension des entreprises à gérer leurs contrats de façon tactique avec l'œil rivé sur les coûts aura des conséquences lourdes » : « D'ici 2012, 30 % des contrats de délocalisation et externalisation engendreront des sérieuses perturbations dans les métiers des entreprises concernées[119] ».

La lettre professionnelle *LeMagIT* souligne en conclusion : « Quel paradoxe ! » Selon une étude anglaise, les contrats d'outsourcing pourtant très souvent signés en fonction de considérations budgétaires sont aussi ceux dont le retour sur investissement reste le plus dans le flou[120] ».

Ce type de pratique permet également de mettre en œuvre des plans de licenciements depuis longtemps différés. Ce fut notamment le cas pour Alcatel qui « externalisa » 328 de ses salariés au sein de la société SSII Marine Communication. Alcatel utilisait cette SSII comme une véritable agence d'intérim, imposant ses conditions de travail à des équipes qui n'étaient plus les siennes.

Un cabinet d'expert installé à Hong Kong pouvait se réjouir de la poursuite des délocalisations en Chine d'entreprises américaines et européennes malgré « le rappel fréquent de produits défectueux ou n'obéissant pas aux normes de sécurité ». Wal-Mart a été confronté à ce problème avec des jouets fabriqués en Chine et qui se sont révélés dangereux pour la sécurité et la santé des enfants. « Mais, explique un manager installé en Chine, il n'y a pas de mystère. Wal-Mart exerce une telle pression sur ses fournisseurs pour qu'ils réduisent toujours plus leurs coûts, que ces derniers prennent, pour survivre, des mesures qui vont au détriment de la sécurité. »

Les informations filtraient dans la presse sur la dangerosité de certaines importations chinoises : toxines dans les pâtes dentifrice ou les nourritures pour humains et animaux ; pneus automobiles ne correspondant pas aux normes de sécurité tout comme certains médicaments importés de Chine et mis sur le marché.

Ces épisodes répétés auraient dû susciter l'indignation du gouvernement américain et de vives protestations à l'encontre de la Chine mais aussi des firmes américaines qui commandaient et commercialisaient ces produits. Ce fut tout au contraire un silence assourdissant de la part de Washington. Pour une raison évidente : le pouvoir politique ne pouvait ni mécontenter une Chine qui, en continuant d'acheter des bons du Trésor américain, allégeait ainsi sa dette gigantesque ni déplaire au monde des affaires qui, en délocalisant dans les pays émergents, réalisait des bénéfices fructueux.

Consommateurs et citoyens, eux, demeuraient totalement négligés. Ils payaient proportionnellement beaucoup plus d'impôts que la minorité fortunée de la population, ils vivaient sous la menace permanente de voir leurs emplois délocalisés et enfin, en consommant, ils tenaient à bout de bras la croissance. Autant dire qu'ils constituent une portion congrue et négligeable...

Une des dernières zones de résistance

Le secteur du textile qui avait déclenché les premières vagues de délocalisation vers la Chine et constitué la première rampe de lancement pour l'économie chinoise, est resté longtemps, paradoxalement une des dernières zones de résistance.

Pendant des années, Wal-Mart avait poussé ses fournisseurs américains à délocaliser en Chine où une paire de chaussettes était fabriquée pour 50 cents contre 2 dollars aux Etats-Unis.

La flambée des cours du pétrole, en 2008, fit prendre conscience à de nombreuses compagnies occidentales que la distance revêtait un coût et des inconvénients. L'acheminement d'un container de vêtements qui coûtait 3 000 dollars en 2000, atteignait 8 000 dollars en 2008, réduisant de 40 à 50 % les avantages offerts par les producteurs chinois.

Une firme de Los Angeles, Exxel Outdoors, spécialisée dans les équipements de loisir prit la décision de relocaliser sa production chinoise sur le territoire américain, précisément en Alabama. Mais cette initiative reste isolée. Le coût de la main-d'œuvre chinoise, malgré ces aléas, demeure particulièrement attractif.

En réalité, le handicap principal de la Chine, dans le secteur textile, découle de son succès. Il faut attendre six mois entre la commande et la livraison, en raison des problèmes de transport dus aux engorgements des infrastructures et notamment des ports.

Les entreprises qui ont fait le pari de la proximité et de la rapidité pour répondre aux exigences de leurs clients sont les grands gagnants. Le groupe américain Gap, qui a choisi de faire fabriquer en Asie, réalise des bénéfices nettement inférieurs à ceux de l'Espagnol Zara qui renouvelle chaque semaine ses offres de vêtements avec des produits nouveaux. En proposant des gammes, qui s'inspirent du prêt-à-porter de luxe, à des prix défiant toute concurrence, le groupe pèse désormais 27 milliards de dollars.

Il a compris un principe fondamental : le consommateur est prêt à payer pour avoir des nouveautés immédiatement, pas dans quelques mois. Une flexibilité qui, à l'inverse de ses concurrents, vient du fait qu'elle n'a jamais délocalisé sa production. Plus de six cents entreprises sous-traitent, à proximité de son siège social.

Le groupe possède ses usines, ses ateliers, conçoit ses produits qu'il tisse, teint et découpe et dont il coordonne toute la distribution. Suzanne Berger a recueilli les propos d'un concurrent américain : « Zara est le roi de la vitesse. Tout le monde veut imiter ses cycles de production courts, mais à moins de contrôler les filatures comme ils le font, cette rapidité est quasi impossible. Sans ce genre de contrôle local on ne peut réduire à deux mois une opération qui en prend six ou sept. Zara réunit tout : design, assemblage, transport[121]. »

L'autre centre de gravité de cette résistance aux sirènes de la mondialisation se situe en Italie. Plus précisément en Vénétie. Malgré la proximité trompeuse de Venise, il s'agit d'une région austère, dotée d'une population douée et travailleuse. De nombreuses entreprises de luxe ont conservé à proximité leurs sous-traitants.

Entre 2001 et 2005, les Etats-Unis ont perdu près de la moitié de leurs emplois dans le secteur du prêt-à-porter. En Italie, le chiffre n'avait même pas atteint 7 %. Le problème s'était même inversé. La difficulté était de trouver suffisamment de main-d'œuvre qualifiée, malgré des salaires confortables.

Pourtant cette situation est aujourd'hui menacée par l'offensive que la Chine mène au cœur même de l'Italie. A quinze kilomètres de Florence, en pleine Toscane, la ville médiévale de Prato est considérée depuis le Moyen Age comme l'un des plus importants centres textiles. Ses entreprises travaillaient pour des marques prestigieuses comme Gucci, Dolce & Gabbana. Jusqu'à ce qu'elle devienne le centre de la plus importante communauté chinoise d'Europe, ce qui a contribué à son déclin.

La Chine s'installe au cœur de l'Europe

Depuis le début des années 1990 plus de trois mille personnes originaires de la province du Wenzhou travaillent clandestinement plus de seize heures par jour pour plusieurs dizaines d'entreprises contrôlées par la mafia chinoise.

Plus de trois milliards d'euros ont ainsi été réexpédiés et blanchis en Chine par une communauté qui vit en vase clos, repliée sur elle-même, important même de Chine les tissus qu'elle utilise et qui valent dix fois moins cher qu'en Italie.

Les gangs prolifèrent dans cet environnement et seize dirigeants de la mafia chinoise viennent d'être arrêtés à Prato pour inculpation de vol, d'extorsion de fonds, de séquestration et de trafic de drogue. Les vêtements fabriqués sont de médiocre qualité mais bénéficient du précieux label *Made in Italy*. Le plus grand atelier du monde implante désormais des filiales au cœur même de l'Europe dont il a contribué à détruire les emplois et la qualité.

La responsabilité de cette véritable gangrène d'une Italie jusqu'ici performante incombe aux industriels italiens. A la différence de Zara qui continue de travailler avec les mêmes fournisseurs, les entrepreneurs transalpins ont cédé à la tentation de baisser la garde. Ils ont choisi de sacrifier leurs artisans qualifiés, travaillant depuis des générations dans le même secteur, au profit d'une main-d'œuvre chinoise sous-payée.

Une démission doublée d'une volonté de tricher sur la qualité qui détruit peu à peu les entreprises italiennes, incapables de résister à cette concurrence, menée cette fois de l'intérieur. La plupart sont rachetées à bas prix par des groupes liés aux triades qui coopèrent de plus en plus étroitement avec la Mafia italienne.

Les Chinois de Prato font preuve d'une remarquable flexibilité et appliquent les principes de l'économie souterraine qui ont si bien réussi aux entreprises italiennes pendant des décennies.

Leur implantation revêt valeur de symbole. Une des dernières digues vient de céder même s'il existe encore en Vénétie des « poches de résistance ». Cette évolution renforce une évidence : la place centrale jouée par les hommes, leurs compétences et leurs qualifications. Des générations de travailleurs ont enrichi leurs entreprises et leurs pays. En décidant brutalement et cyniquement de les écarter, ces sociétés courent à leur perte et accélèrent le déclin de leur pays d'origine.

Les rapports de force dominent

Il n'existe pas d'argument plus stupide pour justifier les soi-disant « bienfaits » de la mondialisation que celui qui le présente comme un phénomène où toutes les parties sont gagnantes. Cela témoigne d'un aveuglement effarant.

Les rapports de force régissent les relations entre les peuples, qu'ils soient économiques ou politiques. La première mondialisation qui alla des années 1870 jusqu'à l'éclatement de la Première Guerre mondiale renforça l'hégémonie de l'Occident. Nous avons cru que celle qui a lieu actuellement contribuerait, elle aussi, à asseoir notre suprématie. Nous n'avions pas compris que nous étions déjà des pays en déclin face à des nations assoiffées de revanche.

Il existe également entre les deux mondialisations une différence fondamentale : la première exportait essentiellement des capitaux et un minimum de savoir-faire dans des pays sans Etat qui ne pouvaient être concurrents. Aujourd'hui, nous avons exporté nos emplois mais également un niveau de compétences techniques et scientifiques inégalé vers des pays qui s'en sont emparés avec la même voracité que nos entreprises ont mise à délocaliser pour accroître leurs profits.

Le monde des affaires aura provoqué l'affaiblissement inexorable de nos économies et le plus important déplacement géographique de richesses et de pouvoir de toute l'histoire de l'humanité.

En sillonnant, pour cette enquête, l'Europe et les Etats-Unis, j'ai été frappé du nombre extrêmement élevé de locaux commerciaux vides.

A Washington, un responsable du ministère du Commerce m'a expliqué que, chaque année, 5 millions de mètres carrés étaient vidés de leurs occupants en raison des délocalisations. En Europe, aucun chiffre précis n'est disponible.

Craig Barret, l'ancien P-DG d'Intel, a averti : « Les Etats-Unis ne disposent plus de verrou en ce qui concerne les emplois dans les secteurs de la haute technologie. » Il aurait pu ajouter : « La situation est absolument identique dans tous les autres secteurs. »

L'Europe, zone de sous-traitance et tiroir-caisse

Ce basculement du pouvoir économique planétaire risque de voir, à terme, des régions européennes, et américaines, transformées à leur tour en vaste zone de sous-traitance par des entreprises asiatiques qui profiteraient également des aides à l'emploi accordées par l'Europe et les Etats membres. Pur scénario de politique-fiction ? Ce qui est survenu en Lorraine en constitue pourtant la préfiguration.

Au terme d'une longue crise de la sidérurgie française, tous les sites ferment provoquant un chômage massif. Des stages de formation payés par des crédits de l'Etat se multiplient. Thomson installe une usine puis délocalise, suivi par le japonais Matsushita.

Le pôle européen d'investissement fondé en 1985 permet aux entreprises de bénéficier de facilités matérielles et financières importantes : l'objectif est de créer en dix ans dans cette zone industrielle sinistrée, 5 500 emplois industriels en France, 1500 en Belgique et 1000 au Luxembourg.

Les aides à l'investissement sont accordées à hauteur de 37 % de ceux-ci en fonction du nombre d'emplois projetés.

Catherine Lévy du CNRS et Jean-Claude Feite ont longuement travaillé sur cette reconversion pervertie du bassin de Longwy. Ils soulignent que les « entreprises qui s'installent ont un certain nombre de caractéristiques communes : elles bénéficiaient d'emplois primes, c'est-à-dire de financements liés au nombre d'emplois qu'elles proposent de créer, aux montants des investissements qu'elles projettent ; de plus lorsqu'elles embauchent des enfants de sidérurgistes ou des chômeurs de longue durée, elles touchent des primes supplémentaires [...] il est souvent fait mention de l'obligation de se fournir sur place ou dans la région d'un certain nombre de produits finis ou semi-finis nécessaires aux productions. Mais cette clause n'est pas toujours respectée par les industriels sans qu'aucune mesure ne soit prise à l'encontre des directions non respectueuses des contrats signés[122] ».

La majorité des grands groupes qui s'implantent dans cette zone le font dans la partie luxembourgeoise en raison d'une fiscalité très avantageuse proposée par le seul paradis fiscal appartenant à l'Union européenne.

C'est le cas pour General Motors, Du Pont, Goodyear qui cumulent les avantages fiscaux et les aides européennes. La France, elle, va démarcher le groupe coréen Daewoo tout en sachant qu'il s'agit déjà d'un groupe endetté à plus de 80 % auprès des banques coréennes.

Ce groupe prévoit cependant de créer 2000 emplois dans la zone de Longwy. La philanthropie n'étant pas la caractéristique première de ces industriels, leur implantation obéit à une logique commerciale et fiscale. Ils bénéficient d'aides importantes et de dérogations qui leur permettent notamment de ne pas voir leurs productions taxées au prix fort pour entrer dans le Marché commun et de gagner rapidement des parts de marché.

Une pluie d'aides va s'abattre sur les dirigeants de Daewoo dès l'instant où ils annonceront la création d'une usine d'assemblage de fours à micro-ondes devant embaucher... 150 personnes sur trois ans.

Le groupe coréen bénéficie de toutes les subventions disponibles au niveau européen, de la prime nationale d'aménagement du territoire, d'aides régionales comme la prime à la création d'emplois et à l'immobilier d'entreprises « ainsi qu'à un détournement des fonds constitués pour aider au reclassement des sidérurgistes (en donnant des aides pour l'embauche d'enfants de sidérurgistes) ».

Pour Daewoo, la Lorraine n'est plus une région sinistrée mais un véritable tiroir-caisse qu'il vient de forcer. Lorsque ses deux sites de production ouvriront en Lorraine, l'Inspection du travail relèvera 3 000 points de sécurité à améliorer, et le nombre élevé de personnel intérimaire alors même que le Coréen devait embaucher à durée indéterminée en contrepartie des aides reçues.

Quelques années plus tard, les usines ferment, le personnel est licencié, mais les aides ne seront jamais remboursées. Quant au fondateur et président de Daewoo, recherché par Interpol pour avoir détourné plusieurs centaines de millions de dollars, il vit dans un château à côté de Nice où, devenu citoyen français, il évite tout risque d'extradition !

Le montant exact des aides octroyées au groupe coréen est toujours entouré de secret. Selon un responsable de l'organisme chargé de promouvoir l'expansion économique de la Lorraine, « c'est un secret d'Etat. Si les montants étaient connus ainsi que leurs conditions d'obtention, des têtes tomberaient[123] ».

Plus de 30 milliards d'aides aux entreprises

Le fiasco lorrain illustre un autre mécanisme pervers de la mondialisation. Les entreprises qui délocalisent (je ne parle pas évidemment de la sidérurgie lorraine) privent l'Etat de rentrées fiscales importantes et lui abandonnent le traitement social du chômage. D'où la multiplication des aides à l'emploi, coûteuses et inopérantes, mais qui permettent à des firmes étrangères, de plus en plus asiatiques, de faire financer leur implantation sur un marché européen. Grâce aux multiples avantages qu'elles reçoivent, elles se révèlent extrêmement concurrentielles, accentuant encore les délocalisations d'entreprises françaises ou européennes.

Il est intéressant de découvrir que la notion d'aide publique aux entreprises ne fait l'objet d'aucune définition juridique. Par ailleurs, la diversité et le montant de ces aides en font un véritable maquis, quasiment impénétrable. Il est étrange, également, de constater qu'il n'existe aucun document de synthèse chiffrant avec précision ces aides. Le seul repère est un rapport du commissariat général au Plan, daté de 2003, et qui fournit une indication sur l'ampleur des montants financiers.

En 2001, l'aide aux entreprises se montait à 1,09 % du PIB, soit 15,8 milliards d'euros, pour les seules aides d'Etat soumises à la réglementation européenne. Un montant qu'il faut doubler si on inclut le dispositif d'allégement des charges sur les bas salaires. De plus ces aides sont gérées et distribuées au niveau de chaque ministère, sans qu'il existe la moindre concertation au niveau territorial.

Au fil des ans, les guichets se multiplient, les aides s'empilent les unes sur les autres, sans qu'il y ait eu le moindre élagage, la plus élémentaire remise à plat. Le projet de loi des finances pour 2006 recensait 233 dispositifs d'aides destinés aux entreprises, au seul titre des dépenses fiscales.

Malgré ces financements conséquents, les entreprises ne dévient pas d'un pouce dans leur stratégie : l'Etat français aide, au fond, des sociétés à délocaliser.

Et les mouvements de menton de quelques ministres ne changent rien à l'affaire.

Christian Estrosi, en charge de l'Industrie, avait demandé, en vain, en octobre 2010, à PSA et à Renault de ne plus entretenir la moindre relation avec l'équipementier américain Molex. Il venait en effet d'annoncer des bénéfices record de 75 millions de dollars, dont 15 % seraient reversés à ses actionnaires, tout en continuant de refuser de financer le plan social de l'usine qu'il possédait en Haute-Garonne, et qui avait été mise en liquidation judiciaire, licenciant 283 salariés.

Le groupe avait bénéficié d'aides publiques tout comme la firme électronique indienne Wipro qui a fermé son centre de recherches de Sophia Antipolis, près de Nice, après avoir demandé et perçu 5 millions d'euros, au titre de crédit impôt-recherche. Une fermeture douloureuse pour les 61 salariés, mais fructueuse pour le groupe indien.

Selon un sondage CSA, 88 % des Français considèrent que les délocalisations constituent un phénomène grave. Pourtant, les pouvoirs publics restent passifs et muets face à la montée de l'inquiétude dans l'opinion. Par impuissance, certainement, mais aussi par lâcheté.

Le seul secteur où le gouvernement élabore un « plan de lutte contre les délocalisations » est celui des centres d'appel. Téléperformance, le leader dans ce domaine, a délocalisé en Tunisie et au Maroc après avoir annoncé la suppression de 837 emplois en France, où les salariés sont payés 1 320 euros bruts par mois (primes et treizième mois inclus) contre environ 400 euros dans les pays du Maghreb.

Une réplique dérisoire dans un secteur qui n'est pas hautement stratégique et c'est probablement la raison pour laquelle on ose le pointer du doigt.

Alors que l'ouverture du commerce mondial a considérablement affaibli la situation de l'emploi dans les pays riches la guerre des monnaies et l'euro trop élevé ont transformé notre zone en grande perdante. L'Europe n'a plus la maîtrise de sa monnaie et donc de ses économies. Les délocalisations s'accélèrent sous l'effet de la crise. Une dernière illusion s'est également dissipée : contrairement aux arguments longtemps avancés, les délocalisations permettent également de faire payer plus cher les consommateurs du pays d'origine.

L'absence d'humanité

Les défenseurs des délocalisations n'ont ni le bon droit ni le réalisme ni le sens de l'efficacité de leur côté, mais le plus insupportable dans leurs discours est certainement leur absence d'humanité.

Le bon fonctionnement d'un pays a besoin d'un tissu économique diversifié. La disparition de certaines de ses composantes, en cas de délocalisation, est avant tout un drame humain individuel, mais il affecte également l'emploi d'une région, son dynamisme, et il hypothèque son avenir.

Les avocats des délocalisations n'évoquent jamais ces dommages souvent irréparables ; bien entendu, les notions d'équité et de justice sont des données auxquelles ils ne peuvent se référer.

Cette logique pernicieuse accroît la défiance envers des gouvernements incapables de ralentir ou stopper cette course au profit. Les politiques sont à la fois complices et désarmés. Ils n'ont ni le moyen ni le courage d'affronter le secteur privé.

Le conseiller en communication d'un récent président américain avait confié : « Tout ce qui n'est pas dans les médias n'existe pas. » Sous-entendu : « Employons-nous à dissimuler au public certaines informations et il n'aura pas connaissance de la gravité du sujet. »

J'ai le sentiment que la même stratégie est suivie pour les délocalisations. Cette fois c'est le secteur privé qui dicte les règles du jeu. Il profite de la faiblesse des ministères concernés qui ne possèdent pas de départements ou d'unités de veille pouvant collecter des informations sur les emplois transférés à l'étranger. Les rares statistiques publiées minimisent le phénomène et les entreprises pratiquent une véritable omerta. Elles cachent l'ampleur des délocalisations, refusent de révéler le type d'emplois qu'elles transfèrent et donnent des consignes strictes de silence à leurs filiales à l'étranger.

Les délocalisations sont un phénomène soustrait aux regards et à l'indignation de l'opinion, un événement majeur totalement escamoté.

François Mauriac écrivait que « la plupart des hommes sont des morts emportés par le courant de la vie ». Face à l'ampleur des défis qui nous cernent, c'est exactement ce à quoi nous sommes condamnés si nous ne réagissons pas rapidement.

Le 2 janvier 2011, un sondage effectué par le centre de recherches Pew révélait à quel point l'opinion américaine prenait la mesure des changements survenus : 47 % des personnes interrogées considèrent que la première puissance économique mondiale est désormais la Chine, contre 31 % seulement pour les Etats-Unis.

1. Rapport d'étude sur le potentiel de délocalisation des métiers de services, cabinet Katalyse, mars 2005.

2. « Le Premier ministre Raffarin récompense un champion de l'offshore », 20 octobre 2003 (www.munci.org).

3. Fernand Braudel, *La Dynamique du capitalisme*, Arthaud, 1985 ; Flammarion, coll. « Champs histoire », 2008.

4. Etude auprès des entreprises sur les déterminants micro-économiques et sociaux des délocalisations récentes et à venir, Altedia, 2005.

5. Elisabeth Dufourcq, « La responsabilité sociale des entreprises et de l'Etat à l'heure des recours à l'externalisation, à la sous-traitance et à l'emploi de personnels intérimaires ». Rapport préliminaire sur l'externalisation, décembre 2004 (rapport IGAS n° 2004-176).

6. Rapport de la Confédération syndicale internationale concernant les normes fondamentales du travail en République populaire de Chine, 10 mai 2010.

7. Elisabeth Dufourcq, rapport IGAS n° 2004-176, rapport cité.

8. *Id.*

9. Paul Samuelson, « Where Ricardo and Mill Rebut and Confirm Arguments of Mainstream Economists Supporting Globalization », *Journal of Economic Perspectives*, été 2004.

10. « Lutte des travailleurs de Saint-Gobain au Portugal : mettre en échec la délocalisation par la nationalisation », *Avante*, n° 1873, 22 octobre 2009.

11. « L'UE va financer 210 nouveaux projets Life à hauteur de 250 millions d'euros », 23 juillet 2010 (www.europaforum.public.lu).

12. Sylvain Cottin, « L'ancien site Saint-Gobain regorge de métaux lourds : Marennes porte plainte contre l'Etat », *Sud-Ouest*, 5 mai 2010.

13. Entretien avec l'auteur, mai 1970.

14. « ST Microelectronics, chronique d'une délocalisation annoncée », 29 octobre 2003 (www.novethic.fr).

15. Karine Lambin, « Une délocalisation financée par l'Etat », Europe 1, 12 avril 2010 ; « Délocalisation à fonds publics chez Trèves, la preuve ! », *L'Humanité*, 19 avril 2010.

16. Entretien avec l'auteur, 1997.

17. Entretien avec l'auteur, 1988.

18. Entretien avec l'auteur, 1997.

19. « L'Allemagne, entre Europe et mondialisation », colloque « Le commerce extérieur allemand : l'Allemagne au sommet de l'Europe ? », fondation Res Publica, 17 mars 2008.

20. *Progress Illinois* et *Huffington Post*, 18 mars 2009.

21. *The Economic Times of India*, 28 octobre 2008.

22. Paul Bairoch, *Le Tiers-monde dans l'impasse : le démarrage économique du XVIIIe au XXe siècle*, Gallimard, coll. « Folio actuel », 1992.

23. Fernand Braudel, *Grammaire des civilisations*, Arthaud, 1987 ; Flammarion, coll. « Champs », 1993.

24. John King Fairbank, *La Grande Révolution chinoise, 1800-1989*, Flammarion, 1989.

25. Paul Johnson, *Une histoire du monde moderne*, Robert Laffont, 1985.

26. Propos cités dans Raymond Betts, *The False Dawn: European Imperialism in the Nineteenth Century*, University of Minnesota Press, 1975.

27. John Stuart Mill, *Principles of Political Economy*, Londres, 1848.

28. Joseph Schumpeter, *Imperialism and Social Classes*, New York, 1951.

29. Propos cités dans David James, *The Rise and Fall of the Japanese Empire*, Londres, 1951.

30. Edmond Théry, *Le Péril jaune*, éditions Félix Juven, 1901.

31. www.washtech.org.

32. Simon Leys, *Les Habits neufs du Président Mao*, dans *Essais sur la Chine*, Robert Laffont, coll. « Bouquins », 1999.

33. Liaquat Ahamed, *Les Seigneurs de la finance*, Plon, 2010.

34. Cité dans l'article de Vittorio de Filippis, « Terres rares, la Chine passe en mode avare », *Libération*, 29 octobre 2010.

35. Propos cités dans l'article de Nicholas Mansergh, *The Commonwealth Experience*, Londres, 1969.

36. Propos cités dans Ronald Robinson et John Gallagher, « The Imperialism of Free Trade », *Economic History Review*, 2e série, 1953.

37. Propos cités dans Fernand Braudel, *Grammaire des civilisations*, *op. cit.*

38. Entretien avec l'auteur, 1983.

39. Entretien avec l'auteur, 2010.

40. *Id.*

41. Ron et Anil Hira, *Outsourcing America*, AMACOM Book, 2008.

42. www.munci.org.

43. « Exporting America: An Interview with Lou Dobbs », *Mother Jones*, 7 février 2005.

44. Ron and Anil Hira, *Outsourcing America*, *op. cit.*

45. Norbert Wiener, *The Human Use of Human Being: Cybernetics and Society*, Boston, Houghton Mifflin, 1950.

46. Thomas L. Friedman, *La Terre est plate : une brève histoire du XXIe siècle*, éditions Saint-Simon, 2006 ; Perrin, coll. « Tempus », 2010.

47. Paul Craig Roberts, « Truth Has Fallen and Taken Liberty With It », *Counter Punch*, 24 mars 2010.

48. Paul Craig Roberts, « The Collapse of the American Power », *Online Journal*, 20 mars 2008.

49. « Offshoring: Is It a Win-Win Game? » McKinsey Global Institute, San Francisco, août 2003.

50. Richard Sennett, « Aux Etats-Unis, “le capitalisme financier a exterminé l'idée même de carrière” », *Le Monde*, 2 novembre 2010.

51. Suzanne Berger, *Made in Monde : les nouvelles frontières de l'économie mondiale*, Seuil, coll. « La République des idées », 2006.

52. Elizabeth Warren, « The Middle Class on the Precipice. Rising Financial Risks for American Families », *Harvard Magazine*, janvier-février 2006.

53. *Id*.

54. David E. Gumpert, « US Programmers at Overseas Salaries », *Business Week Online*.

55. Lisa Vaas, « Offshoring Eats Away at it Pay, Study Shows », *eWeek*, 13 janvier 2004, dans Ron and Anil Hira, *Outsourcing America, op. cit.*

56. “Birnbaum's Global Guide to Winning the Great Garment War”, *Third Horizon Press*, Hong Kong.

57. Patrick Artus et Marie-Paule Virard, *Pourquoi il faut partager les revenus*, La Découverte, 2010.

58. Henry Ford, *My life and Work*, Garden City Publishing, 1922.

59. Pete Engardio et Dexter Roberts (avec Brian Bremmer), « The China Price », *Business Week*, 6 décembre 2004.

60. Robert C. Fonow, « Beyond the Mainland: the Chinese Telecommunications Expansion », *Defense Horizons*, n° 29, juillet 2003.

61. Thomas L. Friedman, *La Terre est plate, op. cit.*

62. Emmanuel Todd, *L'Illusion économique*, Gallimard, 1998.

63. Suzanne Berger, *Made in Monde, op. cit.*

64. « Credit Rating Exec: “We sold our souls to the devil” », *Mother Jones*, 22 octobre 2008.

65. Lionel Fontagné et Jean-Hervé Lorenzi, « Désindustrialisation, délocalisations », Conseil d'analyse économique, rapport n° 55, 11 février 2005.

66. Jean-Paul Betbèze, « Financer la R&D », Conseil d'analyse économique, rapport n° 53, 11 février 2005.

67. Patrick Artus et Marie-Paule Virard, *Pourquoi il faut partager les revenus, op. cit.*

68. Cité dans l'article de John Rossant, « How Europe Could Grow Again », *Business Week*, 17 novembre 2003.

69. « Schröder Sets Out Seven Wasps to Stronger EU Internal Market », AFP, 26 octobre 2004.

70. David Encaoua et Roger Guesnerie, « Politiques de la concurrence », Conseil d'analyse économique, rapport n° 60, 6 juin 2006.

71. Catherine Lalumière, rapport sur les négociations commerciales multilatérales, juillet 1999.

72. « The Carbon Rich List, the Companies Profiting from the UE Emissions Trading Schem », rapport de l'ONG Sandbag, février 2010.

73. Edouard Barreiro, « Le secteur automobile en route vers de vraies délocalisations », *Le Journal du Net,* 13 septembre 2006.

74. Jean-Yves Kerbourc'h, « Dumping social : contradictions européennes », 21 octobre 2003 (www.metiseurope.eu).

75. Propos d'Yves Muller cités dans l'article « Des salariés d'un sous-traitant de France Télécom sous contrat portugais », *Le Monde,* 18 mai 2005.

76. Rapport d'information sur les délocalisations, Assemblée nationale, n° 3467.

77. Alvin Toffler, *La Richesse révolutionnaire,* Plon, 2007.

78. Robert X. Cringely, « A Megadeal in PC-Land Now? », *The New York Times,* 24 novembre 1998.

79. Jean-Yves Kerbourc'h, « Dumping social : contradictions européennes », art. cité.

80. Entretien avec l'auteur, 2010.

81. Robert Fogel, « Why China's Economy Will Grow to $123 Trillion by 2040 », *Foreign Policy,* janvier-février 2010.

82. *Id.*

83. Robert Fogel, « Why China is Likely to Achieve Its Growth Objectives », *NBER Working Papers*, n° 12122, mars 2006.

84. Paul Blustein, « Implored to "Offshore" more: US Firms are too Reluctant to Outsource Jobs, Report Says », *Washington Post*, 2 juillet 2004.

85. Rapport d'information sur les délocalisations, rapport cité.

86. Christian Saint-Etienne et Jacques Le Cacheux, « Croissance équitable et concurrence fiscale », Conseil d'analyse économique, rapport n° 56, 18 octobre 2005.

87. Eric J. Hobsbawm, *L'Ere du capital, 1848-1875*, Fayard, 1994.

88. « Is Wal-Mart Good for America? », Frontline, PBS, 16 novembre 2004.

89. "Everyday Low Wages : the Hidden Price We All Pay for Wal-Mart", rapport du House Committee on Education and the Wordforce.

90. Simon Head, "Inside the Leviathan", *The New York Review of Books*, 16 décembre 2004.

91. « Wal-Mart's Cost to Taxpapers », étude de la centrale syndicale AFL CIO [s.d.].

92. Betty Dukes, « Wal-Mart greneter, leads class action suit », 1er mai 2010 (www.huffingtonpost.com).

93. Entretien avec l'auteur, 1982.

94. Entretien avec l'auteur, 1994.

95. Entretien avec l'auteur, 1980.

96. Entretien avec l'auteur, 1988.

97. Propos rapportés par Dean Takahashi, 3 juillet 2008 (www.venturebeat.com).

98. Entretien avec l'auteur, 2010.

99. Lilas Demmou, « La désindustrialisation en France », *Les cahiers de la DGTPE*, février 2010.

100. Jake Tapper, « Hoosier Responsible », ABC news, 30 avril 2008.

101. Roger Bybee, « Con Air: the "Safe" Offshoring of Airline Repair », *In These Times*, 22 octobre 2009.

102. *Id.*

103. *Id.*

104. Louis Uchitelle, *The Disposable American : Layoffs and Their Consequences*, Alfred A. Knopf, 2006.

105. Entretien avec l'auteur, 1977.

106. Robert Reich, « L'Europe va devenir supercapitaliste », *Les Echos*, 28 janvier 2008.

107. Kenichi Ohmae, « Putting Global Logic First », *Harvard Business Review*, janvier-février 1995 et *The Next Global Stage*, Wharton School Publishing, 2005.

108. Robert Reich, « L'Europe va devenir supercapitaliste », art. cité.

109. Annie Kahn, Brice Pedroletti et Sylvain Cypel, « La crainte des industriels face aux prédateurs chinois », *Le Monde*, 29 décembre 2010.

110. Jacques Sapir, « Depuis 30 ans les salaires baissent, sauf au sommet », note de recherche, décembre 2009.

111. Alan Blinder, « Offshoring: the Next Industrial Revolution? », *Foreign affairs*, mars-avril 2006 ; Fareed Zakaria, *Time*, 1er novembre 2010.

112. Paul Samuelson, « Where Ricardo and Mill Rebut and Confirm Arguments of Mainstream Economists Supporting Globalization », art. cité.

113. Lilas Demmou, « La désindustrialisation en France », art cité.

114. Simon Leys, *Les Habits neufs du Président Mao, op. cit.*

115. « Calling a Change in the Outsourcing Market », Deloitte Report, 2005.

116. Faiçal Faquihi, « Offshoring, les risques qui planent sur les investisseurs », *L'Economiste*, 9 juin 2008.

117. Sandrine Chilotti, « Externalisation : les entreprises américaines déchantent », 21 mars 2007 (www.reseaux-telecoms.net).

118. « L'infogérance c'est rentable… enfin peut-être », *LeMagIT*, 28 août 2009.

119. *Id.*

120. *Id.*

121. Suzanne Berger, *Made in Monde, op. cit.*

122. « Le bassin de Longwy à travers l'implantation des usines du groupe Daewoo, ou comment aider le patronat à devenir délinquant », étude par Catherine Lévy (laboratoire G. Friedman CNRS) et Jean-Claude Feite (CAG-Lor-Longwy).

123. *Id.*

Table

Composition et mise en page

NORD COMPO
multimédia

Cet ouvrage a été imprimé en France par

CPI
BUSSIÈRE

à Saint-Amand-Montrond (Cher)
en février 2011

N° d'édition : 14679 – N° d'impression : 103806/1
Dépôt légal : février 2011